Honoré
Par M. Riouffe. V. p. 170.
Voy. Barbier et Quérard

MÉMOIRES
D'UN DÉTENU,
POUR SERVIR A L'HISTOIRE DE LA TYRANNIE DE ROBESPIERRE.

MÉMOIRES
D'UN DÉTENU,
POUR SERVIR A L'HISTOIRE DE LA TYRANNIE DE ROBESPIERRE.

Ce n'est pas l'échafaud, qui fait le criminel;
Quand l'innocent y monte, il devient un autel.

MERCIER.

Seconde Edition, revue et augmentée.

A PARIS.

De l'Imprimerie d'ANJUBAULT, rue de Grenelle, F. G. n.° 365.

Se vend

Chez BRIGITTE MATHÉ, Libraire, Palais Egalité, Galeries de Bois, n.° 222.

Et chez LOUVET, Libraire, Palais Egalité, Galerie neuve, derriere le théâtre de la République, n.° 24.

L'AN III DE LA RÉPUBLIQUE FRANÇAISE.

PRÉFACE.

MON intention n'est pas d'enter des haines sur des haines; je peins les objets tels que je les ai vus. Il est en ma puissance, il est de mon devoir de sacrifier à la Patrie tous les maux que j'ai soufferts, mais je ne puis altérer les principes; ils sont éternels et indestructibles: les passions seulement les font méconnaître et oublier. L'homme de bien qui écrit les trouve sans cesse sous sa plume; ils sont comme une règle qui le force de suivre la ligne droite. Les cœurs bons et doux, après des circonstances aussi affreuses, sont étonnés eux-mêmes de cette inflexibilité, et voudraient, pour ainsi dire, l'adoucir. Mais la vérité ne connaît point d'amnistie. Elle ne peut exister en même tems avec le mensonge, puisqu'alors elle cesserait d'être la vérité.

L'Histoire puisera sans doute quelques traits dans cette esquisse, quelqu'incomplette qu'elle soit, ainsi que dans toutes les relations écrites par les prisonniers, qui seuls peuvent bien rendre ce qu'ils ont si profondément senti. On versera des larmes sur des atrocités invraisemblables, dont j'ai été pendant 14 mois le témoin et la victime; on ne peut trop les mettre au grand jour. La publicité qu'on donne à de parcilles horreurs, empêche qu'elles ne recommencent. Qui sait combien de fois l'on eût renouvellé le 2 Septembre, si ce grand attentat contre l'humanité, n'avait été si souvent voué à l'exécration publique par une foule d'écrivains éloquents?

J'ai parlé de Bordeaux et des émissaires du tyran, mais je n'ai point prétendu inculper Tallien. Je me garde bien d'attaquer des hommes qui peuvent dire comme Scipion: tel jour j'ai sauvé la Patrie. Lorsque Flamininus proclame la liberté de la Grèce, les Grecs couvrirent leurs places et leurs temples de ses statues. Ils furent pendant plusieurs jours dans une sorte d'ivresse; ils s'embrassaient en pleurant; ils poussèrent des cris de joie si forts et si unanimes, qu'au rapport de Plutarque les oiseaux tombèrent morts.

Flamininus fut obligé de se dérober à leurs transports. Malheur au peuple qui est sans enthousiasme, lorsque son tyran est abattu, et chez lequel l'envie arrête l'essor de l'admiration et de la reconnaissance.

Je sens toute la faiblesse de ces Mémoires. Ils ont sur-tout un défaut qui me fatigue moi-même. J'isole dans ce petit ouvrage, des scènes qui se rattachent naturellement à d'autres scènes non moins affreuses, dont ma malheureuse Patrie a été le théâtre. Je ne parle que des échafauds de Paris, lorsque la France entière était couverte d'échafauds, et que dans la seule petite ville d'Orange on faisait périr mille personnes par le dernier supplice. Je donne l'histoire d'une conciergerie, et il y en avait dix mille en France. Je retrace des effets dont je n'ai point développé les causes.

Qu'on prenne garde que ce serait alors remplir la tâche de l'historien ; tâche que la scélératesse des décemvirs a rendue bien pénible, mais qu'un écrivain véridique aura peut-être le courage de remplir un jour. Est-ce à moi de connaître et de révéler en sortant de mon tombeau, les secrets de la plus sanglante tyrannie, qui ait jamais désolé le monde. J'ai imprimé le sceau de la vérité la plus pure à tout ce que j'ai dit, parce que je n'ai dit que ce que j'ai vu : à peine de retour parmi les vivans, je n'aurai pas la prétention de vouloir leur apprendre leur propre histoire.

Mon ame épuisée par le malheur s'est retrouvée un instant, pour exhaler ses inconsolables regrets. Mais après ce premier appel qu'elle a voulu faire à l'humanité entière, elle est retombée dans ses mortelles langueurs.

On n'a pas vu impunément pendant quatorze mois, l'innocence égorgée par le crime. Quand on est à peine échappé à la fureur des tigres, on n'est pas tenté de s'arrêter dans le désert pour les étudier et les peindre.

Tout ce que j'ai pu remarquer, c'est que Robespierre et ses complices se sont perdus par la bassesse de leurs agens, qu'il y a eu une longue vacillation dans leurs idées, et que les horreurs dont ils ont épouvanté le monde, n'étaient que le prélude d'un plan infernal, auquel ils paraissent s'être arrêtés définitivement un mois ou deux avant le 9 Thermidor.

Ces machines à destruction, appellées clubs, comités révolutionnaires, &c. étaient composées d'hommes féroces ou stupides, qui n'étaient pas dabord dans le secret, et mettaient leurs fureurs à la place de celles du gouvernement. Dailleurs rien n'égalait la mobilité de ce gouvernement, qui formé d'individus qui avaient aussi leurs passions à satisfaire, interrompait lui-même sa propre marche, pour courir aprés le délassement des vengeances particulières. Des hommes tels que Robespierre et Saint-Just, fortement exaltés, et profondément machiavélistes, ce qui n'est point contradictoire, mais qui pour le malheur du monde, avaient l'audace et l'opiniâtreté de l'exécution dans les systêmes les plus désastreux, et les plus extravagans, ont du produire des horreurs inouies jusqu'alors. Ils ont du rejetter tout ce qui n'était pas fanatique ou machiavéliste comme eux. Poussés hors de toutes limites par le mot révolutionnaire, mot plus funeste à l'humanité, que celui de *trinité* ou d'*eucharistie*, brisant la seule boussole, qui puisse guider dans un pareil bouleversement, le respect du sang humain, ils ont du d'exagérations en exagérations, se trouver réduits à n'avoir pour partisans que l'écume de la Nation. Ils ont dû nécessairement de législateurs devenir des fondateurs de secte, et aulieu de faire des lois, prêcher des dogmes. Pour bien les connaître, il faudrait savoir s'ils ont été sans cesse emportés eux-mêmes, et si partis de très bonne foi d'un point philosophique et législatif, ils sont arrivés sans s'en appercevoir, au comble de la férocité et de la barbarie. Je suis pour cette opinion, quoique ce soit encore un problême pour beaucoup de personnes.

Ivres d'imagination et d'orgueil, sans connaissance des hommes et des choses, vivant dans une atmosphère d'illusions systématiques, s'isolant chaque jour davantage de la Nation, si le pouvoir leur fût resté plus longtems dans les mains, ils l'anéantissaient. Ils étaient devenus le centre, auquel aboutissait une foule de scélérats, dont Marat était le dieu.

La France a résisté par sa masse, et par sa longue civilisation, à cette irruption d'une religion (1) nouvelle, qui menaçait l'Europe elle-même. Je ne sais si je m'abuse, mais elle n'a jamais été ébranlée d'une manière plus terrible, jusque

(1) Je dis religion, car bien qu'ils professassent l'athéisme, ils avaient tant de formules sacerdotales, tant de pratiques minutieuses, que leur politique tendait évidemment à ce but. Enfin j'appelle religion une politique absurde et cruelle, prêchée aussi dogmatiquement.

dans ses fondemens, et l'antique ordre social plus près de sa ruine.

Ils parlaient moins que Jesus à l'imagination, mais plus à l'intérêt personnel; ils promettaient l'échange des fortunes, il n'en prêchait que la communauté.

Ils étaient législateurs, il n'était que prophète.

Ils étaient maîtres des richesses du plus vaste empire, il vivait dans l'indigence.

Ils faisaient mouvoir 14 armées; il n'avait à sa suite que quelques hommes, dont la plupart n'avaient que des bâtons pour toute arme.

Ils étaient placés dans un changement général, aidés de la puissance incalculable de deux mots nouveaux pour les Français, *Révolution* et

Liberté, Jésus dans un état conquis et tranquille, prêchait l'ancienne doctrine de Moyse.

Enfin ils avaient à leurs ordres deux cent mille clubistes catéchisans, et des envoyés dont les pouvoirs étaient sans bornes; Jésus n'avait que douze apôtres.

A quoi donc a-t-il tenu qu'ils n'ayent réussi ? A quoi tient-il que leurs sectateurs, plus furieux qu'eux-mêmes, ne réussissent? A bien peu de choses sans doute.

Surtout si la Convention nationale, toujours incertaine, et encore subjuguée par une partie de leurs idées, n'a le courage de s'en affranchir tout-à-fait et d'en revenir aux principes. Il faut bien se garder de mépriser ces montagnards, dont l'influence se compose de la force du tribunat, et de celle de la prêtrise : guérissez les, ou mettez les hors d'état de nuire. Mais ceci n'est pas de mon sujet.

Je viens de dire que la bassesse des agens de Robespierre l'a perdu. Le tableau des hommes qu'on traduisait à la conciergerie, et qu'on mettait en jugement, m'a démontré cette vérité. Pourquoi cette foule d'artisans, d'ouvriers agricoles, d'hommes insignifians et nuls, arrêtés sur tous les points de la République, ainsi que je l'ai su des prisonniers qui arrivaient des départemens ? Qu'on se rappelle la manière dont toutes les autorités constituées étaient composées, et on aura la solution de ce problême.

On envie ses égaux, et le jour où l'on est revêtu de l'autorité, c'est sur eux qu'on aime à l'exercer.

Entre les journaliers qu'on admettait exclusivement dans toutes les places, et le ci-devant duc par exemple, il y avait trop d'intermédiaires, pour que le journalier ne fût pas tourmenté du besoin de peser sur ceux-ci dabord. En effet le marchand est bien plus aristocrate pour lui, que l'homme qui fréquentait Versailles, et qu'il ne connaissait pas.

Les comités révolutionnaires, au-lieu de diriger leur feu vers un certain but, faisaient, si je puis m'exprimer ainsi, un feu qui écartait. Des petites villes entières se traînaient à l'échafaud; mais c'était le marchand qui dénonçait le marchand ; et tous deux étaient arrêtés par celui qui avait été leur ouvrier. C'était des haines de voisin à voisin ; des jalousies de profession qui prenaient tout leur essort sous un masque révolutionnaire.

On ne sera donc pas étonné, quand je dirai, qu'à très-peu d'exceptions près, la conciergerie de Paris pendant plus de dix mois n'a renfermé que des patriotes ; qu'un langage aristocratique y aurait autant surpris qu'indigné ; que ses voutes étaient fatiguées de chants patriotiques, et que pour un homme des castes opposantes, on massacrait mille sans-culottes, qu'on traînait à la boucherie en criant vive les sans-culottes. On peut s'en convaincre aisément en lisant la liste des citoyens assassinés juridiquement.

Robespierre s'apperçut le premier de cette méprise. On avait assassiné au hasard, et l'anarchie la plus complette avait régné dans l'assassinat. Le discours qu'il prononça le 8 Thermidor fut dirigé tout entier contre cette anarchie ; mais il était trop tard. Depuis deux mois environ, il est vrai, ils assassinaient à Paris, le tableau des fortunes et des lumières sous les yeux ; ils tuaient par ordre, et les proscriptions organisées allaient dévorer méthodiquement plusieurs classes de la société ; mais ils avaient tué tant de gens, qu'il ne leur importait pas de tuer, qu'on ne leur laissa pas le tems de tuer tous ceux que leur infernale politique voulait sacrifier.

Je puis donc indiquer à l'historien

rien exact (1), par la nature des prisonniers que j'ai vus, deux époques, l'une où l'on tua pêle-mêle, par fureur de parti et par vengeance particulière, étrange aveuglement qu'ont les hommes, d'instituer des tribunaux dans les momens où ils sont le moins en état de juger ; et une seconde époque, où les jurés ont eu des listes envoyées par le gouvernement et une conscience politique. C'est cette époque à laquelle le 9 Thermidor a mis un terme, c'est cette époque qui eût été l'application entière de la religion Marat, la destruction de toutes les lumières, le change ou l'anéantissement de toutes les propriétés ; pour le dire en un

(1) La conciergerie en cela ressemblait aux autres maisons de justice de la République.

mot, la fin du monde social en France, et peut-être en Europe (1).

La faute des historiens et de tous les raisonneurs en général, c'est de faire les hommes beaucoup trop grands, et la force des choses beaucoup trop petite. Notre amour propre se plait à imaginer, qu'une tête humaine peut mûrir un vaste plan dans les profondeurs de ses conceptions, et préparer les évènemens pour les maitriser à son gré.

---

(1) Voyez ce que dit Barère dans les mémoires de Vilate :

« Qu'il faut épurer la population ; » que sans de grands incendies, le » monde serait un amas de papier.

» Qu'importe la génération ac- » tuelle ? » etc.

Enfin voyez son petit cerveau frappé d'un tel délire, qu'il s'applique la tirade

Cette première époque, que j'ai déterminée, participait en beaucoup de choses à la seconde, parce que les idées de Marat fermentaient dès-lors dans beaucoup de têtes. Robespierre, le Paul de cet autre Jésus, n'osait pas encore faire l'application rigoureuse de cette maxime chérie de son maître : *Que le pauvre devienne riche et que le riche devienne pauvre ;* mais cependant il en faisait l'essai.

Robespierre (1) n'aimait pas Ma-

---

de Mahomet, dans laquelle ce conquérant levait le plan d'un bouleversement universel. Lorsque des particuliers rêvent ainsi, on les envoie aux petites maisons ; lorsque ce sont des hommes revêtus du pouvoir suprême, ils désolent et ravagent le monde.

(1) Ce monstre a fait à son malheureux pays plus de mal que n'auraient

rat, je le sais. Il se croyait trop sublime pour n'être qu'un disciple. Cependant il était devenu le grand pontife des maratistes. Haineux, sanguinaire, médiocre, exagéré, sa politique ne devait s'arrêter qu'au bouleversement universel, et le maratisme l'entraînait par son centre de gravité. Marat eut cela d'extraordinaire, que du premier pas il franchit tout l'espace, que des factieux qui l'ont suivi n'ont franchi qu'à plusieurs reprises.

---

pu lui en faire tous les tyrans ensemble. Il tua les mœurs en créant un peuple de faux témoins, de juges assassins. Un tyran guerrier tue; un tyran en robe de palais tue et corrompt; il est le plus grand fléau qui puisse frapper les hommes.

Robespierre n'avait d'autre levier que le maratisme.

Outre la vérité historique, il résulte encore de ceci, que le complément de la révolution du 9 Thermidor n'aura lieu que le jour où le maratisme sera détruit. Or que penser de l'inconséquence de ceux qui aspirant à ce complément, semblent vouloir que Marat reste l'objet du culte universel?

Je ne puis taire que cette première époque a porté peut-être un coup mortel à la liberté, par le grand nombre d'amis éclairés et vertueux qu'elle a perdus. Je me réserve d'écrire un jour la déchirante histoire de ceux qu'on appelle fédéralistes. Elle sera l'histoire du républicanisme. Tous les partis, s'il reste encore parmi nous quelqu'amour de la justice, pleureront la perte de quelques hommes irréparables, et celle de tant d'hommes de bien qu'une calomnie absurde a traînés à l'échaufaud. Dans cette grande lutte de la liberté avec la tyrannie, jamais celle-ci n'a été servie par un hasard plus heureux. Si sa plus douce jouissance est d'immoler les citoyens vertueux, jamais ses vœux n'ont été mieux exaucés. Les grandes routes ont été couvertes de leurs cadavres et tous les échafauds de leur sang. Il faudra bien consacrer aux éternels regrets de la postérité cette foule d'administrateurs, qui dans le fond des départemens remplissaient de bonne foi les places qui leur avaient été confiées, tous ces patriotes de 89, qui crurent qu'il fallait aimer les lois et les exécuter; placés entre les ennemis de la révolution et les tyrans, ils ont été accablés avec une facilité qui fait sentir davantage toute la grandeur de leur perte, puisque dans un pays où les idées ont si peu de pente vers la politique, on a tué tant de sentinelles vigilantes. Jamais la vertu n'a été plus isolée sur la terre. La haine qu'on leur porte n'est point encore assouvie. Quatre mois après le 9 Thermidor, leur sang a rougi les mains des bourreaux, tant il est vrai que les scélérats ne pardonnent jamais à la vertu.

Je mettrai en opposition ce ramas d'avanturiers et d'histrions, cette sentine de la république, qui, sous les drapeaux de Marat, la couvrit de deuil et de honte, et dont l'irruption sera placée à côté des invasions les plus funestes des Goths et des Vandales. Si cette histoire des crimes humains navre mon ame de douleur, le récit de quelques vertus qui brillent par intervalles en adoucira l'amertume ; et ces vertus, ces suicides généreux, je sais de quel côté les trouver. J'ai vu tous les partis dans les fers, et je saurai les peindre.

Mais quand la vérité pourra-t-elle se montrer sans qu'on l'accuse d'être téméraire ? Cependant elle fait sans cesse des sacrifices à la paix ; elle craint d'exciter des haines ; elle tempère les accens de sa voix modeste, lorsque le mensonge renforce la sienne, et voudrait se faire entendre d'un bout du monde à l'autre.

MÉMOIRES
D'UN DÉTENU,
POUR SERVIR A L'HISTOIRE
DE LA TYRANNIE
DE ROBESPIERRE.

Le mois d'Octobre 1793 (vieux style) sera fameux à jamais par les arrestations innombrables qui eurent lieu pendant sa durée. La tyrannie entra, pour ainsi dire, en possession de la France entière, à cette époque, et ses effets se firent sentir d'une manière explosive sur toute la surface de la République. La faction, dont

Robespierre était le chef, triomphait partout et recueillait les fruits de la victoire qu'elle avait remportée le 31 Mai. L'usurpation s'organisait : les efforts des bons citoyens sans suite, sans puissance, sans point central, n'avaient été qu'une misérable velléité qui n'eut d'autres effets, que d'indiquer plus sûrement aux coups du tyran tout ce qu'il y avait de gens éclairés et capables d'énergie dans la République. Le prétendu fédéralisme fut un vaste piège, dans lequel furent enveloppés tous les administrateurs dignes de leur poste, et une foule d'hommes dignes de la liberté. Une génération entière, cette génération véritablement disciple des *Jean-Jacques*, des *Voltaire*, des *Diderot* a pu être anéantie, et l'a été en grande partie sous cet horrible prétexte.

L'ame est inconsolable, quand on

songe à cet espoir de la patrie dévoré par un tyran, et abandonné encore chaque jour à la férocité des jacobins, ses satellites (1). Enfin, la France n'offrait alors que l'image d un pays conquis par des sauvages, et dont Robespierre dirigeait les mains destructives contre les lumières et la probité. Dans cet état désastreux, *Bordeaux* n'échappa point au sort commun. On était trop heureux de pouvoir l'accuser aussi de fédéralisme, et on en profita. On avait fait depuis quelques jours des visites domiciliaires dans cette ville, nom sous lequel la tyrannie essayait partout la violation de l'asyle des citoyens, et la destruction totale des droits de

(1) J'écrivais ces lignes avant la fermeture de ce repaire de brigands.

l'homme. La force départementale Bordelaise dissoute aussi-tôt que formée, un département faible et irrésolu, une municipalité divisée et tremblante, une masse de citoyens égoistes et inertes promettaient un succès facile aux émissaires du tyran, qui gorgés des trésors de l'état marchandaient la liberté d'une petite portion de citoyens, pour avoir le droit d'usurper celle de tous les autres. Ils avaient établi une espèce de camp d'observation, où ils avaient rassemblé 3 ou 4 mille hommes, sous le nom d'armée révolutionnaire; c'est là, que dans leurs complots parricides, ils machinaient contre cette grande cité; c'est de là qu'ils la divisaient, l'affamaient, qu'ils soufflaient dans son sein tous les fléaux, la délation, l'espionage, la calomnie et l'anarchie; qu'ils épouvantaient tous les hommes intègres, et appellaient à eux tous les scélérats. Ils ont suivi constamment la même marche avec les autres villes. Ils se rendaient cette justice, qu'ils ne pouvaient habiter dans les mêmes murs, avec la liberté, les loix et les lumières. Par-tout où ils osaient se montrer les bons citoyens devaient se cacher, et leur cortège ne devait être formé que par cette populace qu'on trouve toujours à la suite des imposteurs, par une soldatesque effrénée, des jacobins et des bourreaux. Ils agissaient avec toutes les forces du gouvernement qu'ils avaient usurpé. Bordeaux était abandonné aux siennes, et ces forces étaient nulles.

Les tentatives des amis de la liberté, comme je viens de le dire, avaient été impuissantes, par l'incohérence des mesures et l'impossibilité de les centraliser. La force du gouvernement en France sera toujours incalculable, et présentera sans cesse une masse inexpugnable, tandis que les citoyens n'auront qu'un morcellement de forces à lui opposer. Réuni à une faction, quand il voudra, il perdra la liberté, comme l'avait fait Robespierre. Que dis-je, il peut la tuer par la seule arme de la calomnie : or il était, comme je viens de le dire, tout entier dans la main des factieux. On voyait bien à Bordeaux une jeunesse ardente s'agiter, mais sans objet bien déterminé, sans chef, et sans moyens. Le plus grand résultat qu'elle obtint fut de se réunir en club. L'ame s'ouvrait à une sorte de joie et d'attendrissement, en voyant cette jeune élite se lever pour conserver le dépôt de la liberté; mais la raison ne s'ouvrait pas à l'espérance. On avait fait assez à Bordeaux, comme partout ailleurs, pour exprimer le vœu du peuple : on n'avait pas fait assez pour l'appuyer auprès des usurpateurs, qui feignaient de ne pas l'entendre.

Les pères, les mères, les épouses croyaient avoir fait les plus grands sacrifices, en laissant leurs enfans ou leurs maris courir les dangers du club, et ceux-ci, en prononçant des discours à la tribune. Vieux ou jeunes, on peut dire de tous, qu'inexpérimentés dans les orages démocratiques, ils ne prévoyaient guères ce que cachait de vengeance et de projets infernaux la conquête de la France, méditée et exécutée par les jacobins. Il en était ainsi par-tout, où une sorte de sécurité engourdissait la résistance. Le jacobinisme et le *Robespierrisme* étaient des maladies nouvelles dont on voyait bien les symptômes, mais dont on ignorait les terribles effets. Les départemens éloignés sur-tout, pouvaient-ils prévoir qu'il en résulterait la ruine des plus florissantes cités, le massacre de plus de cent mille citoyens, l'emprisonnement de trois cent mille, la destruction du commerce et des arts, l'asservissement de la France mutilée, flétrie et noyée dans son sang ?

Si l'amour de la patrie et de la liberté, le respect des personnes et des propriétés, l'obéissance aux lois si tant de sentimens généreux s'exhalaient pour ainsi dire à pure perte de tous ces jeunes cœurs, il n'en était pas de même de la tyrannie, et de ses émissaires. Leur rage était concentrée, leur langage hypocrite et calomniateur, leur marche assurée, corruptrice et savante. Ils avaient débuté par s'emparer du nom de la section *Franklin*. plutôt que de la section elle-même (1). Ils ébranlaient toutes les autorités, en attendant l'instant de les détruire; ils fanatisaient l'ignorance, épiaient la vénalité, et ne s'appliquant à connaître les sources du bonheur public, que pour les empoisonner. ils y parvenaient chaque jour davantage. Ce qu il y a de particulier, c'est que toutes leurs machinations pesaient sur la classe des sans-culottes. dont ils se disaient les amis; ils l'affamaient pour la con-

(1) Cette section, comme on l'imagine aisément, était composée de la classe du peuple la moins instruite. Lorsque j'ai lu ce morceau à la conciergerie, des hommes de tous les points de la république s'écrièrent unanimement : c'est le tableau de ce qui s'est passé dans nos communes.

quérir. Les ouvriers et leurs femmes passaient des nuits entières à la porte des boulangers. Ils poussèrent l'impudence jusqu'à ne vouloir accorder de subsistances qu'à la section Franklin exclusivement; elle était pour eux comme une citadelle, d'où ils assiégeaient la ville. Des orateurs véhémens dirigeaient sans cesse leurs discours contre cette section, arsenal d'anarchie, et qui, ménaçant sans cesse la sûreté publique, s'était déjà emparée de plusieurs pièces de canon. Un incident provoqua enfin un éclat qui pouvait devenir décisif : une députation du club des jeunes gens, envoyée à la section Franklin, y fut arrêtée; alors on court aux armes. Les émissaires du tyran devaient se réjouir : il paraissait certain que le sang français allait couler. Les membres de la municipalité l'apprennent et se rendent sur la place. Le courroux si bien fondé de cette jeunesse s'amollit à la vue des magistrats, et se change en obéissance. Devant l'organe de la loi leurs armes s'inclinent avec respect. Voulez-vous savoir si une ame est de trempe à être libre, mettez à l'épreuve son respect pour les magistrats. Celui des jeunes gens de Bordeaux fut sans bornes; ils se retirèrent. Leurs députés furent relâchés; mais c'est tout ce qu'on tint des nombreuses promesses qu'on leur fit, et le machiavélisme de tyrans déjà vieillis dans la perfidie. obtint un triomphe aisé sur la candeur et l'inexpérience. Le club des jeunes gens fut fermé: la section Franklin redoubla d'audace, le département prit la fuite; et ce seul foyer où brillait encore quelqu'étincelle d'esprit public, fut détruit. Des gardes nationaux choisis dans la section Franklin, devenue maîtresse, en prirent possession comme d'une place emportée d'assaut. Tout Bordeaux n'offrit plus que cette triste image. Il n'y resta plus de trace de liberté. Des brigands à la tête d'hommes stipendiés portèrent l'effroi dans toutes les maisons, et enlevèrent une foule de citoyens pendant la nuit. Un sommeil paisible ne fut plus un bien dont aucun habitant eût la jouissance. Le bruit des arrestations nocturnes éclatait le matin, et remplissait tous les quartiers de stupeur et d'épouvante. Les vrais magistrats étaient en fuite, destitués ou arrêtés eux-mêmes. Un mauvais génie invisible semblait s'être emparé de la ville, et ne se plaire qu'à porter ses coups dans l'ombre; c'est dans ces circonstances qu'on vit tout-à-coup paraître le buste de Marat, couvert d'un bonnet rouge, et promené par un comédien du vaudeville, que suivaient quelques hommes inconnus. Ces présages affreux qu'ils appellaient une fête, redoublaient la tristesse universelle. On regardait en silence cette procession traverser les rues, et n'entrainant après elle que quelques vagabonds, comme un égout qui entraine les immondices après l'orage. Le triomphe du nouveau *Teutatès* annonçait que des sacrifices d'hommes allaient se faire. Les faibles digues qui défendaient encore l'ordre public, furent renversées par la destitution totale de la municipalité; des intrigans, des envoyés jacobites se répandirent dans toutes les places. Ce fut alors que les émissaires du tyran entrèrent en conquérans dans cette cité organisée pour eux et par eux; nouvelle et effrayante tactique qui joint au mulet de Philippe la délation et la scélératesse, où le crime et l'hypocrisie seuls font tout, et où le général et les soldats ne paraissent que pour le pillage et les proscriptions. Je ne fus point témoin de ces horreurs : (1) j'étais destiné à en voir d'autres plus atroces encore. Si je n'ai pas été témoin de la dévastation de Bordeaux, et si je n'ai pas vu le sang couler dans ses murs, j'ai vu massacrer sa députation entière; les hommes les plus éclairés, les plus éloquens et les plus vertueux de la république, ne survécurent que peu de jours, à la liberté de la seconde des cités qu'ils représentaient, et

(1) Pour s'en faire une idée, il faut lire le fragment d'une lettre de la veuve Guadet. Voyez à la fin.

dont ils soutinrent la gloire jusques sur l'échafaud.

Tel était l'état déplorable dans lequel se trouvait Bordeaux, et l'orage qui grondait sur lui, lorsque j'y fus arrêté, le 4 Octobre 1793 (vieux style) à trois heures après minuit, peu de tems avant l'entrée des lieutenans du vainqueur du 31 mai.

Je n'avais jamais paru de ma vie devant aucun magistrat; je n'avais jamais connu d'assignation devant aucun tribunal, et mon indépendance avait été jusqu'alors, je crois, la plus grande et la plus complette, dont aucun être eût jamais joui. Je puis dire que je n'avais aucune idée de ce que c'était qu'une prison et des fers. Jetté depuis dans des cachots, au milieu d'une foule d'infortunés, je me suis souvent reproché de n'avoir jamais arrêté mes pensées sur ces dépôts, où l'ordre social entasse ceux qu'il sacrifie à sa sûreté, et où depuis la tyrannie a précipité des milliers de victimes. Ce fut du sein de cette indépendance vierge, pour m'exprimer ainsi, que je fus plongé tout-à-coup dans la captivité, et chargé de fers. D'abord ma position me parut un rêve. Il me semblait toujours que j'allais me réveiller libre.

Je fus conduit au comité révolutionnaire de la section Franklin, le seul qu'il y eût alors, et qui était sorti comme tout formé des enfers. C'était un ramas de clubistes, présidé par des émissaires à cheveux noirs : il semble réellement qu'il n'y ait qu'à oser en France tant la privation de tout exercice politique rend un peuple ignorant et aveugle sur ses droits. Ce club instrumentait tout aussi tranquillement, que si c'eût été la la chose la plus naturelle du monde, que d'arrêter la nuit 3 ou 400 personnes, et de remplir tout de confusion et d'alarmes. Seulement une sorte de satisfaction niaise, mêlée d'étonnement, se peignait sur la figure des sans-culottes, qui exécutaient avec malignité et indécision. Quelqu'éclat qu'ait jetté l'esprit français par sa littérature et ses philosophes, il est peu de nations où l'esprit de la masse soit moins avancé. C'est que la littérature ne polit qu'un certain cercle d'hommes, et que la liberté seule donne du sens et de l'esprit à une nation.

J'avais été arrêté avec un espagnol. Il était venu chercher la liberté en France, sous la garantie de la foi nationale. Persécuté par l'inquisition religieuse de son pays, il était tombé en France dans les mains de l'inquisition politique des comités révolutionnaires. Je doute qu'il existe une ame plus véritablement et plus énergiquement éprise de l'amour de la liberté, et plus digne d'en jouir. Sa destinée est d'être toujours persécuté pour sa cause, et de l'aimer toujours davantage. Raconter mes malheurs, c'est raconter les siens : notre persécution avait les mêmes causes, les mêmes fers nous ont enchaînés, les mêmes cachots nous ont reçus, et le même coup devait finir notre vie. Au moment où nous fûmes saisis, un officier municipal accompagnait la horde. Je remarque cette circonstance : depuis je n'ai plus vu de magistrat du peuple, et mes yeux ne se sont plus reposés sur l'écharpe nationale, signe consolateur, et qui rappellait au moins l'idée d'un pays civilisé. C'était tous gens sans aveu.

des Savoyards, des Biscayens, des Allemands même. C'était à cette tourbe que des Français étaient abandonnés. Si j'étais indigné pour moi-même, combien ne le fus-je pas davantage quand je vis au milieu de ces factieux, un représentant du peuple, *Duchatel*, la tête nue, et pressé par des satellites. . . . . Ils osaient l'interroger. . . Il me sembla voir tout le peuple français outragé dans sa personne. Au bout de 3 heures, qui suivirent un court interrogatoire, on vint nous signifier que *Duchatel*, l'espagnol et moi, allions être traduits à la Réole, devant des représentans.

Bientôt un grand bruit se fait entendre, des hommes armés s'assemblent, les allées et les venues se précipitent. O véritable contre-révolution ! Je vois passer *Duchatel*, les mains chargées d'indignes fers et attaché au corps avec une corde, qu'un gendarme tenait en laisse, à six pieds; ce jeune homme retenait des larmes d'indignation qui roulaient dans ses yeux; la tête haute et le regard courageux et terrible, son caractère de représentant se traçait sur son front, en traits d'autant plus augustes, qu'il était méconnu: sa taille était avantageuse, l'intrépidité respirait tellement dans tout son visage d'une beauté mâle et vigoureuse, sa jeunesse paraissait tellement indépendante et libre, que tant qu'a duré la route, je ne me souviens pas d'avoir vu un seul moment de sécurité aux gendarmes, quoiqu'il eût des fers aux pieds et aux mains, et qu'il fut attaché avec une douzaine de cordes en dedans et en dehors de la voiture; il traversa avec majesté tout le long corridor, et une partie de la place.

Les hommes qui le conduisaient, avaient les yeux baissés, comme honteux de descendre du rang de citoyen français, au rôle de sbyrre de la tyrannie.

On nous jetta chacun dans une voiture : le peuple gardait le silence : les femmes pleuraient, l'intérêt était sur tous les visages; c'était une énigme, un mystère du gouvernement. Le peuple, par ce choc violent, était reporté à trente ans en deçà de la révolution, et avait l'air de dire, *cela vient d'en-haut*, comme il le faisait sous le despotisme. Des siècles d'une obéissance passive lui ont fait contracter cette habitude trop funeste, lorsqu'une grande injustice vient étonner sa moralité; cette locution ne se détruira pas en un jour, et sur-tout avec le gouvernement révolutionnaire. Cependant un pays n'est point libre et est indigne de l'être, lorsque cette locution servile est en usage, et qu'on dit sur une grande oppression, au lieu de la repousser : *cela vient d'en-haut.*

Enfin nous partons : le cortège était magnifique et beaucoup trop : trois berlines à six chevaux, des hommes qui couraient à cheval devant, derrière et aux portières, donnent une idée des dilapidations, qui se commettent dans ces occasions. C'était la fête des chats, et nous recrutâmes jusqu'aux portes de la ville beaucoup de sans-culottes à qui leurs camarades disaient de monter, *prends un cheval, c'est la nation qui paye.*

J'avais quatre citoyens dans ma voiture, sans compter ceux qui étaient sur le siège, et sur l'impériale : je leur parlai avec chaleur et véracité sur beaucoup d'objets ; ils m'écoutaient, mais avais-je plus de raison que des citoyens venus exprès de Paris, pour apporter à Bordeaux la *véritable politique*, et qui tout d'un coup, comme par magie, avaient rendu une grande partie des porteurs d'eau et des commissionnaires de cette ville si puissans, qu'ils arrêtaient les gens riches, et si heureux, qu'ils couraient la poste ?

A la première pause, pour souper, je ne pus retenir mon indignation : l'espagnol et moi n'étions point attachés ; le redoutable *Duchâtel* l'était ; des mains étrangères suppléaient à l'usage des siennes, comprimées dans d'étroits ferremens ; on le faisait manger. Un innocent, un représentant du peuple, un homme, dans cet état, auquel son semblable insulte à ce point, faisait bouillonner mon sang. Je lisais dans ses yeux les plus expressifs que j'aie jamais vus, tout ce qui se passait dans son ame : je mendiais dans ses regards le signal de la résistance, qui nous eût fait infailliblement massacrer tous trois. Le sourire amer était sur ses lèvres, et le désespoir dans son cœur. En parlant avec force contre cette indignité, je saisis, sans m'en appercevoir, une bouteille, dans l'attitude d'un homme qui veut la lancer. Il n'en fallut pas davantage ; aussi-tôt trois gendarmes me serrent, m'entourent comme par une manœuvre insensible. Au bout d'un quart d'heure je n'eus plus rien à envier à mon malheureux camarade d'infortune, et je fus garotté. Depuis je l'ai été jusqu'à Paris. Le chef de la bande qui nous conduisait, était un homme à cheveux noirs, crépus et jacobites, au teint bilieux, à la mâchoire pésante, au ventre énorme et à l'air mystérieux d'un satellite de Lenoir ou de Sartines. La liberté ne lui avait pas donné une haute idée de la dignité de l'homme, puisqu'il l'outrageait ainsi. Il est probable qu'il n'avait pas non plus étudié la tolérance dans Voltaire ; il avait à la bouche certains mots, de *montagne*, de *sans-culottes*, de *jacobins*, comme un bedaud de paroisse, celui de *luthériens*, de *pape*, et d'*assemblée des fidelles* ; voilà je crois tout ce qu'il savait de la révolution. Au reste il était costumé convenablement : les moustaches, le large sabre, les pistolets à la ceinture, le pantalon neuf, et tous les agnus et les médailles de l'ordre ; je parie aussi qu'il était fort en règle du côté des cartes civiques et des certificats. Ce fut par son ordre que je fus attaché : je lui en témoignai mon ressentiment par une pluie de sarcasmes. Monseigneur le jacobin, lui disais-je, vous qui êtes couronné d'un bonnet rouge, en vertu de quel article des droits de l'homme, chargez-vous [illegible] français de fers? [illegible] rieusement qu'il n'y avait plus de monseigneur. Il fut d'ailleurs enchanté d'appercevoir que j'étais anti-jacobin: cette découverte acheva de lui ôter toute espèce de remords, et c'est le seul profit que j'aie retiré de mes discours. Il retourna vers la proie qu'il couvait spécialement des yeux, le représentant. C'est par de pareils Vandales, que la France est ensanglantée depuis un an entier. En arrivant à la Réole, il ne manqua pas de me faire mettre au cachot tout seul comme mutin. Au passage de la Garonne, j'avais eu une nouvelle altercation, et j'avais été tenté vingt fois en la passant, d'aller au fond de la rivière chercher la vérité avec un grand coquin de Biscayen qui discutait vivement sur les droits de l'homme, avec moi qu'il tenait enchaîné.

Quand je fus sous ces voûtes souterraines, quand d'énormes verroux se refermèrent sur moi avec un fracas inconnu à mes oreilles, quand je me vis seul, séquestré de la nature entière, privé de la douce lumière du jour, je payai à l'humanité le tribut qu'elle ne remet à personne. Je me souvins de mes affections et je pleurai. Ce sont les seules larmes que j'aie versées dans ce long cours d'adversités. Mon dernier adieu s'exhala vers tout ce que j'avais de cher, à travers ces murailles épaisses ; depuis mes yeux sont restés secs. Il est des côtés du cœur si tendres, qu'on ne peut y toucher sans une crise douloureuse. J'échappais à des sentimens que je ne [illegible] d'traître : et je me suis toujours [illegible]ngé comme un homme qui sait très-bien qu'il est mort. Les agens subalternes avoient disparu, et les grands. L'humanité même se remontrerent. On nous mit au bout de deux jours, l'espagnol et moi, toujours séparés, dans une maison de bénédictins qui servait de cazerne. A travers des barreaux simples et très-espacés, mes yeux se promenaient sur une immense vallée que traverse la Garonne ; je revis des arbres, des champs, et le magnifique spectacle de la nature. J'en jouissais de toute mon ame, comme d'un bien que j'étais menacé de perdre à jamais. L'appareil qui nous environnait était tout militaire d'ailleurs. [illegible] quelques jours avant, nous avions traversé une haye de soldats qui gardaient un escalier étroit, long et obscur, par lequel on arrivait à une chambre mal éclairée où siégeaient les représentans. On me demanda peu de chose, même avec une espèce de bonté, mais forcée autant qu'il m'en souvient, et le ton d'un intendant poli, mais vieilli dans l'exercice d'un pouvoir despotique. Le général de l'armée révolutionnaire m'était venu prendre avec quelques adjudans, et me parut faire là précisément le même métier que j'ai vu faire depuis aux valets de guichetiers, à la Conciergerie : le club se tenait sous ma chambre. Quelquefois dans le lointain, à travers les taillis, au-delà de la rivière, je voyais les représentans du peuple se promener à cheval, suivis du géneral révolutionnaire et de ses adjudans. Je n'étais point fâché de voir *les armes céder à la toge ;* mais je ne pouvais m'empêcher de comparer cet état de puissance avec les dogmes de la sans-culotterie.

Enfin nous fumes envoyés tous trois à Paris, et remis à la discrétion de deux gendarmes qui spéculant sur nous, nous affamèrent le long de la route. Duchatel était avec un gendarme dans la première voiture, l'espagnol et moi avec l'autre gendarme dans la seconde. Ce fut par une suite de cette cupidité, que nous fîmes le chemin sans descendre et sans arrêter, et que nous restâmes 119 heures assis au fond d'un cabriolet fort incommode; aux relais nous obtenions qu'on plaçât nos voitures de front, nous nous voyions et cela nous consolait; Duchatel plaisantait même d'assez bonne grace sur le sort qui l'attendait.

A un relai, Duchatel apprit qu'un de ses collègues était à l'auberge; il demanda à le voir; il obtint pour toute réponse: *je n'ai pas le tems, je dine.* Je ne cherche point à me rappeller le nom de cet homme : c'était à son collègue malheureux, souffrant, enchaîné, qu'il répondait ainsi. Cet individu peut bien être un de ceux qui ont usurpé la souveraineté nationale, mais à coup sûr ce n'est pas un grand homme.

Pour l'instruction de ceux qui abandonnent avec tant de facilité l'existence des citoyens à des mains mercenaires, je dois une petite digression sur un des gendarmes; on verra combien l'abus de l'autorité est voisin de son exercice, et de combien d'instituteurs sages et profonds a besoin une nation, dont la maladie particulière est l'ostentation, l'envie de paraître et de sortir de sa sphère.

Ce gendarme avait été cuisinier à *Agen*; il voulut se montrer dans toute sa splendeur aux mêmes lieux où il avait végété dans l'obscurité de la cuisine.

Il nous fit faire 40 lieues de plus, exprès pour sa gloire, et pour que tout *Agen* le vit disposant des deniers de l'état, et enchaînant les citoyens. Cet homme était bien un des plus [illegible]tieux et des plus méchans qu'on puisse voir.

Il avait un de ces fronts larges et plats sur lesquels on lit en gros caractères, IMPUDENCE. Il ne manquait jamais de mettre à chaque poste tous les gardes nationaux en réquisition, qui regardaient en avançant la tête, avec mystère, et une précaution respectueuse, comme si *Pitt* et *Cobourg* au moins eussent été derrière les *stores*. S'il était de l'essence de la liberté d'avoir des gendarmes, il en faudrait au moins de formés exprès pour elle. J'ai vu les routes couvertes de femmes attachées avec des colliers de fer au col, des hommes enchaînés trois à

trois,

trois, d'autres courant attachés à la queue d'un cheval, pour avoir été ou *Brissotins*, ou *Rolandins*, ou *Modérés*. L'humanité a été plus dégradée en France pendant un an, (l'an deux de la République) qu'elle ne l'est en Turquie depuis cent ans. Je ne m'appésantis sur toutes ces choses, que parce qu'à chaque pas on sent le besoin de donner au peuple le respect de lui-même, et de la dignité de l'homme.

Quand nous fûmes dans *Agen*, à la même auberge où il avait servi; c'est alors que notre homme voulut recueillir tous les regards : il allait, il venait, il visitait la voiture à chaque instant et sans nécessité ; il fesait des signes aux citoyens, plus triomphant que s'il eût amené douze autrichiens, faits prisonniers de sa main. Il nous laissa trois heures en proie à l'ardeur du soleil et aux injures de toute espèce : je fus couché en joue, injurié spécialement, parce qu'à la fin mes yeux s'étaient allumés d'indignation, et que mes regards sans doute étaient devenus sinistres, comme ceux des clubistes qui nous visitaient, la carte à la boutonnière, le bonnet sacré en tête, et les imprécations à la bouche.

L'illustre cuisinier met enfin le comble à sa gloire : il fend la foule, crie *gare* et paraît avec deux maréchaux ferrans. Alors aux yeux de tout *Agen*, il commande du ton qu'on crie *aux armes*, de river à la jambe de l'espagnol et à la mienne un boulet ramé de 80 livres. Ces deux boulets furent apportés avec ostentation, et montrés au peuple préalablement. Nos mains attachées, nos corps ceints d'une triple corde, lui paraissaient des mesures peu suffisantes ; nous gardâmes le reste de la route ces fers tellement pesans, que si la voiture eût penché, nous avions infalliblement la jambe cassée, et si extraordinaires, qu'ils étonnèrent à la conciergerie de Paris des guichetiers en place depuis dix-neuf ans. C'est à la jactance de l'illustre cuisinier d'*Agen* que l'espagnol et moi dûmes ce traitement. On ne pouvait rien ajouter à la barbarie de ceux qu'avait éprouvés dès le commencement de la route le représentant du peuple. Pour l'espagnol, combien de fois pendant le chemin ne lui demandai-je pas pardon de tant d'indignités, au nom de la nation française?

Nous arrivâmes à Paris le 16 Octobre, (vieux style). Ici s'ouvre une scène nouvelle. Nous voilà donc tombés tous trois dans cet abîme des vivans, dans cette Conciergerie de Paris, teinte encore sur tous les murs du sang des victimes du 2 septembre, et où le tribunal révolutionnaire a dépassé toutes les bornes connues de la scélératesse et de la férocité. Avant d'y parvenir, nous avions été présentés à toutes les prisons de Paris, et promenés pendant trois heures du Luxembourg à la Force, de la Force à l'Abbaye, dont la vue seule me fit frissonner. On nous reçut à la conciergerie. On nous porta dans le premier guichet, et l'on fit venir des serruriers pour dériver mes fers et ceux de l'espagnol. Ceux de *Duchatel* étaient à vis. D'abord on m'assit sur un fauteuil, mais cette posture ne paraissant pas commode à l'ouvrier, on m'étendit à terre; couché comme un animal exposé en vente, j'étais en butte à leurs ris insolens: l'opération finie, je veux me relever; mais n'ayant pas consulté mes forces épuisées à mon insçu, par une longue marche, (j'étais resté comme je viens de le dire, cent quarante-neuf heures en voiture sans changer de place ;) je chancelle ; aucune main secourable ne se présente : j'etais repoussé de l'un à l'autre comme un homme ivre dont se joue la populace : je désespérai cette fois de l'humanité, je la maudis, et je tombai la face contre terre. Oui, mon ame est forte puisqu'elle n'a pas succombé à ces épreuves. Oh dignité de l'homme, première base de la liberté, quand seras-tu respectée ! Bientôt je fus séparé de mes compagnons, et plongé sous le nom de secret, dans le cachot le plus infect de la maison; j'y trouvai des voleurs et un assassin condamné à mort, qui croyait gagner beaucoup en prolongeant sa misérable existence dans un pareil repaire, au moyen d'un appel en cassation, qui ne lui réussit pas. Le soir trois grands guichetiers, suivis d'énormes chiens, vinrent nous visiter. Je vis mes malheureux compagnons se presser d'aller au devant d'eux, c'était en effet les seuls êtres par lesquels ils communiquaient encore avec le monde. Ce fut à la lueur de leurs flambeaux, qui apportaient la lumière dans cette caverne, où jamais celle du soleil ne pénétrait, que je vis et de quels hommes j'étais entouré, et qu'elle habitation m'était échue en partage ; elle était de douze pieds quarrés au plus : mes compagnons étaient au nombre de trois. l'un condamné pour assassinat, était un vieux voleur de cinquante ans, nommé Pampin, tout mutilé par le crime, boiteux et borgne, la figure balafrée et couverte de rides pendantes, mais il avait des bras de fer et les épaules d'une largeur démesurée: le sceau de l'homicide était imprimé sur sa personne, des pieds à la tête; sa voix était rauque et terrible.

Le second était un marchand d'argent, fabricateur de faux assignats, être dégradé, qui n'avait pas même le ressort qui peut rester dans l'ame d'un voleur; tout son maintien était patelin et faux: il avait l'air né pour l'espionage, plus encore que pour le vol. Il feignait de n'avoir pas d'argent pour vivre aux dépens des autres. Ce qu'il avait, il le mangeait seul et à bas bruit; ses plaintes lâches et hypocrites, ses habitudes mendiantes, son égoïsme l'eussent mis, s'il était possible, au-dessous de l'assassin lui-même, comme Barrère est au-dessous de Robespierre. Ses autres camarades le sentaient et le traitaient avec supériorité: ils lui reprochaient de manquer de savoir vivre, et voulaient souvent l'endoctriner à force de coups de poing. Quand Pampin, Pampin fameux par ses longs malheurs et par ses travaux, plus nombreux que ceux d'Ulisse, avec sa voix enrouée, mais forte, lui avoit dit, tu n'es pas fait pour vivre avec d'honnêtes gens, il ne répliquait plus, et si les leçons de Pampin devenaient un peu trop vives, il pleurait. Je connus que la lâcheté et l'avarice sordide, sont les plus honteux et les plus haïssables des vices : car je portais une telle aversion au marchand d'argent, que j'étais à chaque instant prêt de me réunir aux autres contre lui. L'union de la caverne, les services de la fraternité, de camarade à camarade, une certaine tournure d'indépendance conservaient à l'ame de Pampin et à ceux de son espèce que j'ai vus, quelques-uns des caractères de son essence primitive : ce maraud de publicain, faux-monnoyeur, qui aurait aussi volé sur la grande route, s'il en avait eu le courage, n'avait rien de tout cela et paraissait pétri d'un limon encore plus vil; il aurait volé ses camardes mêmes, sans Pampin, qui comme dépositaire du grand code des procédés à observer entre voleurs, disait qu'il ne fallait *point travailler* en prison. Zénon dictait ses préceptes avec moins d'austérité.

Le troisième était un jeune homme que le libertinage avait conduit au vol, auquel il paraissait s'être livré avec un attrait irrésistible. Il ne manquait pas d'une sorte d'éducation : il avait été, dans sa première jeunesse, secrétaire de Diétrich (1), qui à force de ver-

(1) Voyez à la fin sa lettre à son fils.

tu avait péri sur le même échafaud, où ce jeune homme, qui l'avait servi autre-fois, fut conduit peu de tems après lui, à force de crimes. La prison avait été souvent son domicile ; il y avait été mis cette fois pour faux assignats, et ce fut la dernière. C'était un véritable *Pilade*. Le nom d'un de ses amis, arrêté comme lui et son complice, était sans cesse à sa bouche ; il ne parlait que du bonheur de sacrifier sa vie pour la sienne. Cet ami de son côté pourvoyait exactement à tous ses besoins. Le même échafaud a terminé leur sort à tous deux.

Tels étaient les individus que je découvris autour de moi et auxquels on m'associait, parce qu'on me soupçonnait d'être brissotin. Ils étaient fort déguenillés et portaient leurs professions écrites sur leurs figures sinistres. Les guichetiers les traitaient avec une sorte de bonté, mais avec une grande supériorité protectrice. Pour moi couché sur mon fumier, je gardais le silence. Un guichetier secoua ma jambe d'une main et la laissa retomber, tandis que de l'autre il me promenait la chandelle devant la figure. J'ai sçu depuis que c'était la manière dont ils signalaient les nouveaux venus. Je lui dis : si ta place te donne le droit de me traiter avec cette indignité, tu as raison, et je tournai le dos. Pendant treize jours, que je suis resté dans mon cachot, je ne leur ai plus adressé la parole une seule fois.

Pendant ce temps, où j'eus occasion de me trouver avec beaucoup de voleurs, je ne leur ai vu guères d'autre remord, que celui de s'être laissé prendre. J'appris de leur bouche beaucoup de leurs exploits, souvent ensanglantés par l'assassinat et c'était presque toujours en riant aux éclats, qu'ils les racontaient. J'y ai appris, ce qu'on refuserait de croire, si depuis il n'y avait eu un jury du tribunal révolutionnaire, qu'un de leurs camarades exécuté à vingt-deux ans, avait déjà assassiné soixante-trois personnes. Je connus par leurs entretiens, aux momens où je feignais de dormir, qu'ils tenaient à tous les voleurs de Paris, à ceux du garde-meuble, et que si la loi n'en eût fait justice, ils auraient exécuté de nouveaux assassinats, qu'ils méditaient jusques dans les fers; car le jeune homme était vraiment tout noir de crimes, et avait assassiné, mais sans être découvert. Les joueurs de tripots, les marchands d'argent recrutent sur-tout leur armée. Je les ai vus beaucoup soupirer après le repos, et envier le sort de quelques-uns de leurs camarades, qu'ils nommaient, et qui retirés à leurs campagnes, vivaient du fruit de leurs forfaits, restés inconnus. Leurs habitations les plus ordinaires sont les bourgs environnant Paris : ils ont des correspondans et vont souvent à soixante ou cent lieues, pour des expéditions qu'on leur indique. La corruption de leurs mœurs est au comble, et le mépris des lois sociales a été précédé chez tous, par le mépris des lois de la nature. Ce sont de terribles gens, pour être sans préjugés. Inceste et athéisme, sont des mots auxquels ils prétendent qu'il n'y a aucune idée véritable attachée.

Un de leurs stratagêmes est d'enrôler dans leur bataillon des jeunes garçons d'une figure agréable, et ces ganymèdes, enfans de Mercure, leur ouvrent la nuit les portes de l'homme, dont le goût dépravé n'est pas à l'épreuve de la beauté d'un visage imberbe. Ils étaient aristocrates presque tous : mais la cause s'en rapportait uniquement à eux.

C'était, parce que dans le nouveau code ils étaient jugés par des jurés qu'ils traitaient d'ignorans, et qu'il n'était pas facile d'abuser. Je ne pouvais m'empêcher de rire, en les voyant se frapper le front de colère, et dire, en jurant, *si c'était des gens habiles, nous nous tirions d'affaire.* Ils savaient parfaitement les lois qui les concernent, et sur-tout leurs ambiguités. Mais le sens et la raison du jury n'étaient point éblouis des fausses lueurs de leur chicanne, qu'ils possedaient mieux que beaucoup d'avocats, et c'est ce qui les irritait. D'ailleurs ils étaient attachés au vieux barreau, sous lequel ils avaient fait leurs premières armes, aux vieilles perruques parlementaires, avec lesquelles ils avaient eu plus d'un démêlé, dont ils s'étaient tirés avec honneur. Pampin parlait toujours avec les plus grands éloges de l'ancienne magistrature.

L'industrie de ces hommes est étonnante. Il en était peu d'entr'eux, qui ne se fût sauvé de prison plusieurs fois. J'appris d'eux-mêmes, qu'en 1791 et 92. ils trouvaient le moyen de contrefaire des billets de maisons de secours, et même des assignats, jusques dans leurs cachots, et de les mettre ensuite en circulation. Ils se servaient d'un clou ou d'un hardillon de boucle pour graver les planches. Pour se procurer de la lumière, ils pressuraient leur salade, dont ils exprimaient l'huile, et effilaient leurs chemises, dont ils tressaient des mêches. Des marchands, ainsi que je l'ai appris de leur bouche, en [illegible] étaient pour [illegible] francs par jour à leurs femmes [illegible] les exportaient avec adresse de [illegible] conciergerie. Ils étaient peu, par rapport aux autres hommes, ce que le loup est par rapport aux animaux domestiques; ils [illegible] par [illegible] gens [illegible], et les [illegible] comme des hommes sans [illegible] sans inventions, sans courage, et [illegible] de ne manquer une entreprise.

[illegible] et même leur amitié [illegible] leur con[illegible] la plus [illegible], j'étais au milieu de mes [illegible] voleurs navré de tristesse. Je ne [illegible] aucun rapport entre [illegible] du girondisme et leurs crimes. [illegible] étions absolument privés de [illegible]. [illegible] était mé[illegible], la [illegible], le plus grand des

des fléaux, nous recouvrait pour ainsi dire de nos propres immondices. Elles refluaient jusqu'à nous dans un terrain de douze pieds, et où nous avons été entassés souvent sept à-la-fois. Je savais assez bien, au moyen des arrivans, ce qui se passait à Bicêtre, à la grande et petite Force, tous les vols que faisaient les petits voleurs; mais j'ignorais ce que faisait le reste du monde; j'étais au secret le plus rigoureux, sans nouvelles de mes camarades d'infortune. On ne m'interrogeait point. J'eus d'abord recours à mon imagination, mais elle n'enfantait plus de prestiges. J'essayais d'évoquer la nature dans ce qu'elle a de plus riant, et d'embellir mes rêveries du charme de ses tableaux. Elle était sourde à ma voix. Les vers suivans faits entre un voleur assassin et un fabricateur de faux assignats, me prouvèrent par le peu d'illumination dont ma tête était remplie en les composant, qu'elle était glacée aussi bien que mon cœur. C'est la peinture de la moisson, telle qu'elle se fait dans mon pays natal. De quelle plus douce image pouvais-je chercher à embellir ma caverne ?

Moissons, dont le Zéphir dans ces riantes plaines,
Agitait en courant les vagues incertaines,
Cérès dans ses greniers appelle vos trésors,
Et la seule Pomone embellira ces bords.
Déjà de vos épis l'appui long et fragile
Va tombant sous la faux du moissonneur agile.
Quelque tems du soleil épuisant tous les traits,
De vos javelles d'or vous couvrez les guérêts.
Bientot un bras nerveux vous enserre et vous lie.
Le glaneur suit de près la gerbe qu'il envie :
Il s'anime au travail, et son tas va croissant.

L'avare laboureur l'éloigne en menaçant,
Tandis qu'un tendre enfant, guidé par la nature,
Du pauvre qu'on outrage a ressenti l'injure,
Et glissant vers la gerbe une innocente main,
Fait de quelques épis l'honorable larcin:
Sur le pas du glaneur, il les sème avec joie.
Mais un fouet dans les airs éclate et se déploie;
C'est un rustique char, qui pesamment traîné,
Roule vers le hameau de gerbes couronné.

O fortunés travaux, scène heureuse et champêtre,
Avant la fin du jour vous allez disparaître;
Où flottaient les moissons mes yeux ne verront plus,
Que des chasseurs cruels dans la plaine acourus.
Pour moi, qui dans ces champs devenus solitaires,
De l'amant de Procris fuis les jeux sanguinaires,
Paisible promeneur, je respecte en marchant
L'humble chaume où l'oiseau se cache en palpitant.

J'abandonnai bientôt cette esquisse; mon imagination broncha, les moissons disparurent et je me trouvai avec mes camarades les voleurs. Le désespoir s'emparait tout de bon de mon ame: je m'abstenais presqu'entièrement de nourriture; non que je fusse bien déterminé à mourir; mais je trouvais dans l'appauvrissement de mon sang une patience, une résignation que ne me pouvaient donner toutes les leçons de Sénèque et d'Epictète lui-même. Si je ne briguais pas précisément la mort, j'en acquérais au moins l'immobilité: je restais sans peine quarante-huit heures couché sur le même côté: quand je mangeais au contraire, comme un jour où je régalais mon camarade *Pam*[illegible], mon sang reprenait son activité; je retrouvais de la rage et j'étais aux enfers. Une diète excessive me donnait un engourdissement qui n'était pas sans quelques charmes : je me sentais cheminer vers la mort par la douce voie du sommeil, mais j'y allais en voyageur paresseux et à mon aise : je savais que je n'avais qu'à vouloir pour arriver au terme.

Vers les onze heures du matin, les verroux retentissent, les quatre ou cinq portes qu'il fallait ouvrir pour arriver jusqu'à nous, mugissent sous leurs gonds, et retombent avec fracas; les nôtres s'ébranlent : on ouvre ; c'était Lebeau, concierge, qui venait lui-même me chercher pour l'interrogatoire. Un de ses enfans qui était avec lui, recule à la vue du cachot, et s'écrie avec la naïveté de son age; *que c'est affreux, un cachot, Papa.* Lebeau lui-même, homme bon et sensible, se tenait à une certaine distance, et détournait la tête, moins pour ne pas respirer l'air pestilentiel qui s'en exhalait, que pour ne pas voir un spectacle si déplorable. Pâle, défait, la barbe sale et longue, les habits couverts de la paille hachée, qui depuis treize jours composait mon lit, je partis pour l'interrogotoire : il fut long et peut-être plus vif, que ne le permettait l'humanité, et l'état dans lequel j'étais. Je ne revins plus dans ma caverne, et je suis bien aise d'apprendre aux lecteurs que peu de mois après, *Fouquier Tainville*, exila tous les voleurs de la conciergerie, leur ancien domicile, et ne voulut plus y souffrir que la probité, les talens et les lumières : mon cachot fut supprimé comme trop mal-sain.

On me mit dans une autre partie de la conciergerie. Je quittais l'antre du crime justement enchaîné, j'entrai dans le temple de la vertu persécutée. *Vergniaux*, *Gensonné*, *Brissot*, *Ducos*, *Fonfrède*, *Valazé*, *Duchatel* et leurs collègues ſurent les hôtes que je trouvai instalés dans ma nouvelle demeure. Depuis une année entière que je l'habite, je ne cesse d'y voir l'ombre de ces grands hommes planant sur ma tête et ranimant mon courage. Le sentiment de l'admiration fit place bientôt à celui de la reconnaissance. J'appris que c'était aux sollicitations de Ducos que je devais d'être sorti du cachot, c'est-à-dire la vie, bien triste présent sans doute, dans ces tems désastreux, mais dont il m'est bien doux de lui être redevable. L'aimable et interressant jeune homme ! il m'avait vu une seule ſois, dans le monde, et il me fit l'accueil d'un frère.

La curiosité se réveille à ces noms

fameux ; mais j'ai peu de moyens de la satisfaire ; j'arrivai deux jours avant leur condamnation, et comme pour être témoin de leur mort. La France et l'Europe connaissent leur procès, si l'on peut donner ce nom à la proscription la plus atroce ; il fut tout du long la violation la plus solemnelle de tous les droits, jusqu'à leur ôter enfin celui de se défendre (1).

Tous ces athlètes vigoureux qui réunissaient à eux seuls presque toute l'éloquence française, étaient entraînés dans l'arène, enchaînés de toutes parts : il leur était défendu

(1) Lasource après sa condamnation leur cita ce mot d'un ancien :

« Je meurs dans un moment où le peu- » ple a perdu sa raison ; vous, vous mourrez » le jour où il l'aura recouvrée ».

de se servir de leurs forces. Vergniaux une seule fois avec cette flexibilité d'organe qui va remuer toutes les ames, laissa échapper une étincelle de son talent ; tous les yeux pleurèrent, la tyrrannie pâlit et arracha le décret qui mit le sceau à la gloire des proscrits, et à l'infamie des proscripteurs.

Ils étaient tous calmes sans ostentation, quoiqu'aucun ne se laissât abuser par l'espérance. Leurs ames étaient à une telle hauteur, qu'il était impossible de les aborder avec les lieux communs des consolations ordinaires. Brissot (1) grave et réfléchi, avait le maintien du sage luttant avec l'infortune ; et si quelque inquiétude était peinte sur sa figure,

---

(1) Voyez à la fin sa lettre à Barrère.

on voyait bien que la patrie seule en était l'objet. Gensonné recueilli en lui-même semblait craindre de souiller sa bouche en prononçant le nom de ses assassins. Il ne lui échappait pas un mot de sa situation, mais des réflexions générales sur le bonheur du peuple, pour lequel il faisait des vœux. Vergniaux tantôt grave et tantôt moins sérieux, nous citait une foule de vers plaisans, dont sa mémoire était ornée; et quelquefois nous faisait jouir des derniers accens de cette éloquence sublime qui était déjà perdue pour l'univers, puisque les barbares l'empêchaient de parler. Pour Valazé, ses yeux avaient je ne sais quoi de divin. Un sourire doux et serein ne quittait point ses lèvres, il jouissait par avant-goût de sa mort glorieuse. On voyait qu'il était déjà libre et qu'il avait trouvé dans une grande résolution la garantie de sa liberté. Je lui disais quelquefois : Valazé, que vous êtes friand d'une si belle mort, et qu'on vous punirait, en ne vous condamnant pas ! Le dernier jour, avant de monter au tribunal, il revint sur ses pas pour me donner une paire de ciseaux qu'il avait sur lui, en me disant: c'est une arme dangereuse, on craint que nous n'attentions sur nous-mêmes. L'ironie digne de Socrate avec laquelle il prononça ces mots, produisit sur moi un effet que je ne démêlai pas bien : mais quand j'appris que ce Caton moderne s'était frappé d'un poignard qu'il tenait caché sous son manteau, je n'en fus point surpris, et je crus que je l'avais deviné ; il avait dérobé ce poignard aux recherches, car on les fouillait comme de vils criminels, avant de monter. Vergniaux jetta du poison qu'il avait conservé, et préféra de mourir avec ses collègues.

Les deux frères Fonfrède et Ducos se détachaient de ce tableau sévère, pour inspirer un intérêt plus tendre et plus vif encore. Leur jeunesse, leur amitié, la gaîté de Ducos inaltérable jusqu'au dernier moment, les graces de son esprit et de sa figure, rendaient plus odieuse la rage de leurs ennemis. Ducos s'était sacrifié pour son frere, et s'était rendu en prison pour partager son sort. Souvent ils s'embrassaient et puisaient dans ces embrassemens des forces nouvelles. Ils quittaient tout ce qui peut rendre la vie chère, une fortune immense, des épouses chéries, des enfans, et cependant ils ne jettaient point leurs regards en arrière, mais les tenaient fortement fixés sur la Patrie et la Liberté.

Une seule fois Fonfrède me prit à part, et comme en cachette de son frère, laissa couler un torrent de larmes, aux noms qui brisent les cœurs les plus stoïques, aux noms de sa femme et de ses enfans. Son frère l'apperçoit : *qu'as-tu donc?* lui dit-il. . . . . . Fonfrède honteux de pleurer, et rentrant ses larmes, *ce n'est rien, c'est lui qui me parle. . . .* Il rejettait ainsi sur moi ce qu'il croyait la honte d'une faiblesse. Ils s'embrassèrent, et s'entrelaçant ils devinrent plus forts. Fonfrède arrêta ses larmes qui coulaient, son frère arrêta les siennes prêtes à couler, et tous deux redevinrent vraiment romains. Cette scène se passa 24 heures avant leur éxécution.

Ils furent condamnés à mort dans la nuit du 30 Octobre, (vieux style), vers les onze heures. Ils le furent tous ; on avait envain espéré pour Ducos et Fonfrède, qui peut-être eux-mêmes ne s'étaient pas défendus de quelqu'espérance. Le signal qu'ils nous avaient promis nous fut donné. Ce furent des chants patriotiques qui éclatèrent simultanément, et toutes leurs voix se mêlèrent pour adresser les derniers hymnes à la liberté ; ils parodiaient la chanson des Marseillais de cette sorte :

Contre nous de la tyrannie
Le couteau sanglant est levé. etc.

Toute cette nuit affreuse retentit de leurs chants, et s'ils les interrompaient, c'était pour s'entretenir de leur patrie, et quelquefois aussi, pour une saillie de Ducos.

C'est la première fois qu'on a massacré en masse tant d'hommes extraordinaires. Jeunesse, beauté, génie, vertus, talens, tout ce qu'il y a d'intéressant parmi les hommes, fut englouti d'un seul coup. Si des cannibales avaient des représentans, ils ne commettraient point un pareil attentat. Nous étions tellement exaltés par leur courage, que nous ne ressentîmes le coup que long-temps après qu'il fut porté.

Nous marchions à grands pas, l'ame triomphante de voir qu'une belle mort ne manquait pas à de si belles vies, et qu'ils remplissaient d'une manière digne d'eux la seule tâche qu'il leur restât à remplir, celle de bien mourir; mais quand ce courage emprunté du leur se fut refroidi, alors nous sentîmes quelle perte nous venions de faire. Le désespoir devint notre partage; on se montrait en pleurant, le misérable grabat que le grand Verguiaux avait quitté, pour aller les mains liées porter sa tête sur l'échafaud. Valazé, Ducos et Fonfrède étaient sans cesse devant nos yeux. Les places qu'ils occupaient devinrent l'objet d'une vénération religieuse ; et l'aristocratie même se faisait montrer avec empressement et respect, les lits où avaient couché ces grands hommes.

O vous, les premiers de nos citoyens, vous n'avez eu d'autres torts que de naître dans un siècle de boue, et d'avoir eu le courage de la vertu, dans la plus prostituée des cités. Elle aura beau vous élever des statues, et chercher à dérober sous leurs piédestaux, la place où vous fûtes immolés, ce qu'elle fera, si sa destinée est d'être libre enfin, jamais elle n'effacera les marques de votre sang qui déposeront contre elle aux yeux de l'univers et de la postérité. Vous êtes morts comme des hommes qui avaient fondé

la

la liberté républicaine, et avec lesquels elle devait s'éçlipser. Vous brillez au milieu de tant de lâcheté et d'incivisme, comme Caton et Brutus au milieu du sénat corrompu.

Cent mille français furent immolés sur votre tombe; l'ordre social s'écroula, et la tyrannie régna sur des cadavres; nos plus belles cités détruites ou ravagées, une année d'horreurs inconnues jusqu'alors au monde, ont suivi votre perte et, gravé votre apologie en traits ineffaçables, sur les tables de l'histoire.

Plusieurs d'entr'eux ont remis leur défense entre des mains fidèlles : fasse le ciel qu'au milieu de la terreur universelle, elles soient restées courageuses dépositaires de ces trésors inestimables, et qu'ils ne soient pas perdus pour la postérité.

Dans le côté de la conciergerie, où

je viens de dire que j'avais été placé, était la prison des femmes, séparée de celle des hommes par une grille. Les prisonniers communiquaient avec elles à travers cette grille, et les fenêtres de deux chambres à rez-de-chaussée qui donnent sur leur cour. C'est là que j'ai vu engloutir une foule innombrable de victimes, de tout age et de toute condition. Le sang des 22 fumait encore, lorsque la citoyenne Roland (1) arriva. Bien éclairée sur le sort qui l'attendait, sa tranquillité n'en était point altérée. Sans être dans la fleur de l'age, elle était encore pleine d'agrémens; elle était grande, et d'une taille élégante. Sa phisionomie était très-spirituelle; mais ses malheurs et une longue détention avaient laissé sur son visage

(1) Voyez sa défense à la fin.

des traces de mélancolie, qui tempéraient sa vivacité naturelle. Elle avait l'ame d'une républicaine, dans un corps pétri de graces, et façonné par une certaine politesse de cour. Quelque chose de plus que ce qui se trouve ordinairement dans les yeux des femmes, se peignait dans ses grands yeux noirs, pleins d'expression et de douceur ; elle parlait souvent à la grille avec la liberté et le courage d'un grand homme. Ce langage républicain, sortant de la bouche d'une jolie femme française, dont on préparait l'échafaud, était un des miracles de la révolution auquel on n'était point encore accoutumé. Nous étions tous attentifs autour d'elle dans une espèce d'admiration et de stupeur. Sa conversation était sérieuse sans être froide ; elle s'exprimait avec une pureté, un nombre et une prosodie, qui faisaient de son langage une espèce de musique dont l'oreille n'était jamais rassasiée. Elle ne parlait jamais des députés qui venaient de périr, qu'avec respect, mais sans pitié efféminée, et leur reprochant même de n'avoir pas pris des mesures assez fortes. Elle les désignait le plus ordinairement sous le nom de *nos amis*; elle faisait souvent appeller Clavière pour s'entretenir avec lui. Quelquefois aussi son sexe reprenait le dessus, et on voyait qu'elle avait pleuré au souvenir de sa fille et de son époux. Ce mélange d'amolissement naturel et de force la rendait plus intéressante. La femme qui la servait me dit un jour: *Devant vous elle rassemble toutes ses forces, mais dans la chambre elle reste quelquefois trois heures appuyée sur sa fenêtre à pleurer.* Le jour où elle monta à l'interrogatoire, nous la vîmes passer avec son assurance ordinaire; quand elle revint, ses yeux étaient humides, on l'avait traitée avec une telle dureté, jusqu'à lui faire des questions outrageantes pour son honneur, qu'elle n'avait pu retenir ses larmes tout en exprimant son indignation. Un pédant mercenaire outrageait froidement cette femme célèbre par son esprit, et qui à la barre de la convention nationale avait forcé par les graces de son éloquence ses ennemis à se taire et à l'admirer. Elle resta huit jours à la conciergerie, et sa douceur l'avait déjà rendue chère à tout ce qu'il y avait de prisonniers qui la pleurèrent sincèrement.

Le jour où elle fut condamnée, elle s'était habillée en blanc et avec soin: ses longs cheveux noirs tombaient épars jusques à sa ceinture. Elle eût attendri les cœurs les plus féroces; mais ces monstres en avaient-ils un?

D'ailleurs elle n'y prétendait pas ; elle avait choisi cet habit comme symbole de la pureté de son ame. Après sa condamnation, elle repassa dans le guichet avec une vîtesse qui tenait de la joie Elle indiqua par un signe démonstratif qu'elle était condamnée à mort. Associée à un homme que le même sort attendait, mais dont le courage n'égalait pas le sien, elle parvint à lui en donner, avec une gaîté si douce et si vraie, qu'elle fit naître le rire sur ses lèvres à plusieurs reprises.

A la place du supplice, elle s'inclina devant la statue de la Liberté, et prononça ces paroles mémorables : *O liberté ! que de crimes on commet en ton nom !*

Elle avait dit souvent que son mari ne lui survivrait pas. Nous apprîmes dans nos cachots que sa prédiction était justifiée, et que le vertueux Roland s'était tué sur une grande route, indiquant par là qu'il avait voulu mourir irréprochable envers l'hospitalité courageuse.

Mon cœur, qui devait être déchiré par tant de ténaillemens dans cette horrible demeure, n'a point connu de douleur plus amère que celle que me causa la mort de cette femme à jamais célèbre. Le souvenir de son assassinat s'unira dans mon ame à celui de mes infortunés amis, pour l'envelopper jusqu'au tombeau d'un deuil inconsolable.

Qu'on me permette d'intervertir ici l'ordre des tems, pour faire un rapprochement qui s'offre de lui-même. Roland s'arrache la vie, et ne survit point à une épouse digne de lui. Peu de mois après Clavière, né dans une république ancienne, et fils adoptif d'une république nouvelle, qui lui destine la cigue, s'enfonce un couteau dans le cœur, en citant ces vers de Voltaire :

> Les criminels tremblans sont traînés au supplice;
> Les mortels généreux disposent de leur sort.

Sa femme l'apprend, et s'empoisonne, après avoir consolé ses enfans, et mis ordre à ses affaires. Ici c'est l'époux qui se précipite volontairement dans la tombe d'une épouse chérie ; et là c'est l'épouse qui refuse de survivre à son mari. O étincelles de vertu républicaine vous sillonnez ces longues ténèbres où la France a été plongée pendant plus d'une année entière ; vous élevez l'ame que vous consolez de cet amas de bassesse et de crimes dont l'histoire craindra de salir ses pages.

Sous une lampe funéraire, au bout d'un long corridor, ce vieillard auguste me prend à part. Il venait de lire la liste de ses témoins, et d'y trouver en tête ses plus féroces ennemis, entr'autres Arthur, cet étranger, devenu membre de la commune de Paris, et encore plus factieux et plus sanguinaire que les Hébert et les Chaumette. Ce sont des assassins, me dit-il, je veux me dérober à leur fureur. Alors commence l'entretien le plus grave et le plus réfléchi sur les moyens de se débarrasser de la vie. Il calcule les coups et la manière la plus sûre de se percer le cœur. Illustre Génevois ! je fus digne de toi ; je t'entendis, sans pâlir, délibérer sur ta mort ; j'approuvai ta résolution républicaine ; je vis le couteau se promener sur ta poitrine, et ta main assurée marquant la place où tu devais te frapper. Je t'eusse imité ; mais, comme toi, je n'en avais pas reçu le signal. Enfin il me quitte.... Au bout d'un quart d'heure, il n'était plus. On le trouva rendant le dernier soupir dans sa chambre, où il s'était enfermé pour consommer son dessein.

Des jurés du tribunal révolutionnaire furent appellés. L'apparition subite de ces monstres qui nous dévoraient chaque jour en détail, leur air affreux, leurs bonnets rouges qui nous semblaient teints de notre propre sang, leur langage grossier, leur joie barbare, d'un autre côté ce corps d'un vieillard, dont le front chauve, la bouche entr'ouverte et les yeux à peine fermés, retenaient encore quelques traces d'une vie qu'il venait de terminer lui-même : tout cet horrible spectacle sera longtems devant mes yeux.

Peu de tems après la mort de la citoyenne Roland, je serrai dans mes bras Girey Dupré et Boisguyon qui arrivaient de Bordeaux tous meurtris de leurs fers. Je ne parlerai point du courage de Girey Dupré ; ce mot suppose un effort ; je dirai seulement qu'il est mort sans y faire attention ; ses fers n'avaient rien changé à sa gaîté ouverte et franche. Il avait la même fleur de santé que je lui avais toujours connue ; il s'abandonnait sans réserve aux moindres amusemens. Tout entier au plaisir d'être, on eût dit qu'il ignorait qu'il était dans les fers et que l'échafaud l'attendait. A l'interrogatoire il ne répondit que ces mots : *J'ai connu Brissot, j'atteste qu'il a vécu comme Aristide, et qu'il est mort comme Sidney, martyr de la liberté.* Une réponse courageuse désarme les grandes ames, elle irrite la médiocrité. C'est l'effet que produisit celle de Girey-Dupré. On interrompit là son interrogatoire ; et dans son acte d'accusation, on consigna comme criminelle cette réponse qui le couvre de gloire. Il n'alla point à la mort, il y vola. En montant au jugement, il leur offrit la victime toute préparée pour le supplice; il avait ouvert le col de sa chemise. et parut ainsi à l'audience. Sa raison ferme et inébranlable aux lâches séductions de l'espérance, lui avait démontré qu'il n'y avait plus qu'à présenter sa tête. Si l'on se rappelle le talent qu'il annonçait dans le *Patriote français*; si d'un autre côté l'on considère tant de grandeur d'ame dans un jeune homme de vingt-quatre ans, on sentira qu'il n'est point de perte plus cruelle pour un pays libre que celle d'un jeune citoyen qui donnait de si belles espérances. Doué d'une moralité profonde, il pouvait honorer les places les plus importantes. Il était, pour m'exprimer ainsi, de cette étoffe dont on fait de vrais magistrats dans une république. On l'a moissonné dans la fleur de son age; c'est un crime irréparable envers la patrie.

Voici un couplet qu'il fit peu de momens avant de monter au tribunal.

Pour nous quel triomphe éclatant !
Martyrs de la Liberté sainte,
L'immortalité nous attend.
Dignes d'un destin si brillant,
A l'échafaud marchons sans crainte ;
L'immortalité nous attend.
Mourons pour la Patrie,
C'est le sort le plus beau, le plus digne d'envie.

Boisguyon était un philosophe pratique, d'une vertu douce et bienfaisante ; recueilli en lui-même, il travaillait sans cesse à se rendre meilleur ; son esprit était fort cultivé ; il passait pour avoir dirigé toutes les opérations de Beysser. sous lequel il commandait. Mais comme en toutes choses il était ennemi de l'ostentation. on ne le nommait presque jamais, ou même pas du tout. Ce sont de ces mérites qui n'ont rien à démêler avec le vulgaire, et que l'observateur philosophe se plaît à contempler dans l'espèce de coque mystérieuse où ils s'enveloppent. Pour le peindre en un mot, il avait des pièces qui eussent pu servir à sa justification, mais compromettre des personnes qui n'étaient point ses amis, et qu'on eût plutôt soupçonnées de vouloir le sacrifier. Il brûla ces pièces, de peur d'être tenté d'en faire usage!

Son patriotisme constant n'avait guères dû être autre chose en aucun tems que de la philantropie. Mais son ame n'était pas d'une trempe aussi forte que celle de Girey Dupré; il écrivit à Robespierre sur lequel il n'était pas encore tout-à-fait détrompé. Il lui rappellait dans sa lettre que dans des tems où ils étaient menacés, il avait protégé ses jours. Le tyran l'avait oublié; il ne répondit point, et ne daigna pas faire un signe pour l'arracher à ses bourreaux.

Vers le même tems on amena Bailly, l'homme de la révolution, le plus heureux en honneurs, et celui dont l'agonie fut la plus douloureuse. Il épuisa la férocité de la populace, dont il avait été l'idole, et fut lâchement abandonné par le peuple, qui n'avait jamais cessé de l'estimer. Il est mort comme le juste de Platon, ou comme Jésus-Christ, au milieu de l'ignominie; on cracha sur lui; on brûla un drapeau sous sa figure; des hommes furieux s'approchaient pour le frapper, malgré les bourreaux, indignés eux-mêmes de tant de fureur. On le couvrit de boue. Il fut trois heures à la place de son supplice, et son échafaud fut dressé dans un tas d'ordures. Une pluie froide, qui tombait à verse, ajoutait encore à l'horreur de sa situation; les mains liées derrière le dos, obligé de ravaler l'humeur qui s'écoulait de son nez ; il demandait quelquefois le terme de tant de maux ; mais ces paroles étaient proférées avec le calme d'un des premiers philosophes de l'Europe. Il répondit à un homme qui lui disait : tu trembles, Bailly ! Mon ami, c'est de froid. Si on demande d'où nous étions si bien instruits, qu'on sache que c'était par le moyen du bourreau qui pendant une année entière n'a cessé un seul jour d'être appellé dans cette horrible demeure, et qui racontait aux geoliers ces abominables et admirables circonstances.

Si je m'abandonnais à la tâche douloureuse de nommer individuellement tous les êtres intéressans sacrifiés dans cette boucherie, à parler de leur courage et de leurs vertus, j'entasserais des volumes. Qu'on sache seulement que le mépris de la mort était devenu une

une chose triviale; et que Socrate, au milieu de quatre mille personnes de tout age et de tout sexe que j'ai vu massacrer en un an, n'aurait été remarqué que par son éloquence et ses discours sublimes sur l'immortalité de l'ame.

Encore se trouvait-il quelquefois des hommes qui s'exaltaient à leurs derniers momens, et découvraient à leurs camarades d'infortune un monde nouveau dont ils croyaient déjà être les habitans.

L'Amourette, évêque de Lyon, connu par quelques bons ouvrages et une grande érudition ecclésiastique, son arrêt de mort devant lui, nous parla si fortement sur cette matière, qu'il ramena plusieurs incrédules à son systême, et fit couler des larmes de tous les yeux. Non, mes amis, s'écriait-il, on ne peut tuer la pensée. Sa voix était élevée et son regard animé. C'est avec ces accens que Socrate parlait sans doute ; c'est lui qui disait aussi : qu'est-ce que la guillotine, une chiquenaude sur le cou ; c'était encore un fédéraliste.

Il avait dans un discours fort éloquent tâché de mettre ses concitoyens en garde contre les manœuvres de l'anarchie, et tenté de rallier tous les cœurs aux principes et à la morale. Fouquier Tainville lui prouva que c'était le comble de la scélératesse, et le livra à ses bourreaux.

Si quelques-uns parmi nous étaient entraînés vers les idées religieuses par un attrait invincible, il en était d'autres qui se faisaient gloire de déployer le fanatisme de l'irreligion. Tous ces instrumens de la scélératesse de Robespierre, et qu'il s'amusait quelquefois à briser, mouraient dans l'athéisme le plus jactantieux et dans les imprécations. Ainsi moururent les Grammont père et fils, les Momoro, les Vincent, les Hébert, les Lebourgeois, les Ronsin, enfans perdus d'un parti qu'ils forcèrent, tout abominable qu'il était, à désavouer leurs fureurs, et presqu'à en rougir.

L'infortuné Camille-Desmoulins mourut indigné de la lâcheté du peuple, et furieux d'avoir été la dupe de Robespierre auquel il avait immolé les plus éclairés de ses collègues et surtout les plus purs; il n'avait jamais eu d'autre mérite que celui d'être un écrivain amusant, et fut constamment le parasite et le prôneur de tous les partis qui dominaient. Il marcha toujours sous la bannière d'un homme, jamais sous celle de la vertu et de la vérité, soit par faiblesse de tête ou autrement; il avilit le caractère de représentant et de citoyen par la lâcheté avec laquelle il endura les outrages de Robespierre ; son vieux cordelier vint trop tard ; il ne s'éleva pas à la hauteur de ce qu'il avait écrit, et montra dans tout son jour, qu'on peut être le plus pitoyable des hommes et un écrivain très piquant. Il avait beaucoup d'imagination et nul jugement. Généralement il y a eu trop d'hommes à imagination dans cette dernière législature ; c'est entasser des matières combustibles dans un édifice public. Son inconséquence était telle qu'il ne vit pas que sa femme dénoncée comme conspiratrice, était par cela seul perdue infailliblement. Il dit en revenant de l'audience, je crains qu'ils ne fassent arrêter ma femme. Heureuse imprévoyance au reste qui l'empêcha d'emporter au tombeau la plus horrible douleur qui puisse atteindre l'ame, celle de causer la perte de ce qui nous est cher.

Mais est-ce à moi qu'il appartient de le juger avec sévérité, moi qui ai vu l'effet que les feuilles du vieux cordelier produisirent au milieu de nous. Une seule fois sous cet affreux régime de Robespierre le signal de la clémence fut offert aux français accablés et noyés dans leur sang ; et ce fut la main de Camille-Desmoulins qui le présenta. Sa voix semblait nous rappeller à la lumière et nous dire : il est encore des cœurs humains. Son généreux dévouement lui coûta la vie. Nous devons oublier ses erreurs, et pleurer sa perte. Laissons à la postérité le soin de prononcer.

En effet peu de jours après nous la vîmes arriver, sa veuve si intéressante et si douce ; elle était encore dans le vertige de la douleur ; elle marchait et regardait comme Nina. O jeu bizarre des révolutions ! La veuve Hébert et la veuve Camille-Desmoulins dont les maris venaient de se traîner à l'échafaud, s'asseyaient souvent sur la même pierre dans la cour de la conciergerie et pleuraient ensemble. Elles furent bientôt les rejoindre.

Danton placé dans un cachot à côté de Westermann, ne cessait de parler moins pour être entendu de Westermann que de nous. Ce terrible Danton fut véritablement escamoté par Robespierre. Il en était un peu honteux ; il disait en regardant à travers ses barreaux, beaucoup de choses que peut-être il ne pensait pas ; toutes ses phrases étaient entremêlées de juremens ou d'expressions ordurières.

En voici quelques-unes que j'ai retenues :

« C'est à pareil jour que j'ai fait ins-
» instituer le tribunal révolutionnaire;
» mais j'en demande pardon à Dieu

„ et aux hommes: ce n'était pas pour
„ qu'il fût le fléau de l'humanité; c'é-
„ tait pour prévenir le renouvelle-
„ ment des massacres du 2 Septem-
„ bre „. Etrange langage dans la
bouche de Danton !

“ Je laisse tout dans un gachis épou-
„ vantable : il n'y en a pas un qui
„ s'entende en gouvernement. Au mi-
„ lieu de tant de fureurs, je ne suis
„ pas fâché d'avoir attaché mon nom
„ à quelques décrets qui feront voir
„ que je ne les partageais pas.

„ Si je laissais mes jambes à Cou-
„ thon, on pourrait encore aller quel-
„ que tems au comité de salut public.

„ Ce sont tous des frères Caïn. Bris-
„ sot m'aurait fait guillotiner comme
„ Robespierre.

„ J'avais un espion qui ne me quit-
„ tait pas.

„ Je savais que je devais être arrêté.

„ Ce qui prouve que Robespierre
„ est un Néron, c'est qu'il n'avait ja-
„ mais parlé à Camille-Desmoulins
„ avec tant d'amitié, que la veille de
„ son arrestation.

„ Dans les révolutions, l'autorité
„ reste aux plus scélérats.

„ Il vaut mieux être un pauvre pê-
„ cheur, que de gouverner les hommes.

„ Les f. . . . . . bêtes, ils crieront :
„ Vive la république, en me voyant
„ passer. „

Il parlait sans cesse des arbres de la campagne, et de la nature.

Lacroix fort embarrassé de son maintien, semblait plus que tous les autres tourmenté de la conscience que tous les malheureux qu'il voyait, c'était lui qui les avait faits. Il affectait un étonnement qui ne pouvant être réel, remplissait d'indignation ceux qui en étaient témoins. Il avait l'air de s'attendrir sur le sort de tant de victimes. Pourquoi cette foule de jeunes filles dans les fers, s'écriait-il ? Tout le surprenait, et la forme du tribunal, et le régime si dur des prisons, et le nombre des prisonniers. Quoi, lui dit un d'entr'eux, jamais des charretées de victimes se rencontrant sur vos pas, ne vous ont appris qu'il y avait dans Paris une boucherie d'hommes ! Non, répondit-il, je n'ai jamais rencontré de charrettes. Il avait été un des plus ardens promoteurs des institutions révolutionnaires ! Si son ignorance n'eût pas été feinte, elle n'en eût pas été moins odieuse. Génies destructeurs qui lancent les fléaux parmi les hommes et ne daignent pas s'informer de leurs progrès !

Honte d'avoir été trahis par leur parti, honte de se trouver au milieu de leurs victimes, dont ils ne pouvaient comprendre la modération à leur égard ; telle était l'expression générale de leur figure. Peu ou point de sollicitude pour la Patrie. Ils mouraient en cherchant à démêler le fil des intrigues qui les avaient perdus, et comment il était arrivé qu'ils ne fussent pas restés les plus forts. Danton le véritable géant de ce parti, et qu'il ne faut confondre avec aucun d'eux, généralisait davantage ses idées.

Fabre d'Eglantine malade et faible n'était occupé que d'une comédie en cinq actes, qu'il disait avoir laissée entre les mains du comité de salut public, et de la crainte que Billaud-Varennes ne la lui volât.

L'orateur du genre humain, l'ennemi personnel de Jesus-Christ, Cloots, est mort comme il avait vécu, mais avec un courage que je ne lui eusse jamais soupçonné. Il était avec la tourbe Hébert. Ces misérables se reprochaient leur mort. Cloots prit la parole, et d'une voix haute leur cita tout au long ces vers si connus.

Je rêvais cette nuit que de mal consumé,
Côte à côte d'un gueux on m'avait inhumé;
Et que blessé pour moi d'un pareil voisinage,
En mort de qualité je lui tins ce langage.

L'apologue eut son effet, on redevint amis; et Cloots qui se mourait de peur qu'un d'eux ne crût en Dieu, prit la parole et leur prêcha le matérialisme jusqu'au dernier soupir.

Si je dis d'Hébert qu'il a été lâche et qu'il implorait la mort, qu'il n'avait pas le courage de se donner, qui s'en étonnera ? Ce scandaleux fabricateur de feuilles ordurières, qui avait volé jadis à la porte d'un spectacle, ce misérable factieux qui n'avait pu dépouiller la bassesse de son caractère, quoiqu'on l'eût élevé aux magistratures, est mort comme la femmelette la plus faible. Il tomba plusieurs fois en défaillance; il était honteux et humilié. L'instruction de son procès l'avait rendu à toute sa turpitude première; il n'y avait été question que de chemises et d'effets volés. C'est ainsi que Paris choisissait ses magistrats à cette époque. Il mourut cependant pour des crimes imaginaires, lui qui en avait tant commis de réels: un pareil tribunal innocente tous les coupables, et les Hébert eux-mêmes. La conspiration dans laquelle on l'enveloppa n'était pas plus réelle, que toutes les conspirations imaginées par le comité de salut public. Lorsque le crime est dans le gouvernement, on n'ose plus le punir sous son véritable nom ; et c'est par les procédés des tribunaux qu'on acquiert la démonstration qu'il y a tyrannie.

Une singularité très-frappante, c'est que Danton, Hébert, Chaumette et Robespierre ont été dans le même cachot. Tant de travaux, de dissimulations, d'extravagances et de crimes ont abouti à leurs conquérir quatre pieds de terrein à la conciergerie, et une planche à la place de la révolution.

Danton y parlait beaucoup, et s'efforçait de donner à ses phrases une tournure précise et apophegmatique, propre à être citée.

Hébert y tombait en défaillance. Robespierre étendu sur un lit de douleur, avait l'air de se reveiller d'un long rêve. Il était foulé aux pieds des guichetiers. Je ne prétends pas mettre Robespierre en opposition avec Danton. Le premier était un fou sanguinaire ;

il avait l'esprit d'un procureur et l'ame de Sylla ; c'est un monstre à part qu'on ne peut comparer à rien. Danton était très-pervers, mais il avait quelques sentimens d'homme dans le cœur. Il avait l'instinct du grand plutôt qu'il n'avait du génie. L'exagération était dans sa tête au point qu'il proposa de mettre tous les aristocrates hors de la loi ; il imagina le tribunal et l'armée révolutionnaire; mais il ne dirigea rien, et fut accablé par sa propre découverte, comme un enfant qui joue avec de la poudre à canon; il avait senti le besoin de créer l'obstacle et la résistance : en cela il vit peut-être en grand. Il fut exagéré, funeste, inconséquent, cruel dans les moyens, qu'il ne put ni régulariser, ni prévoir; en cela il fut un homme au-dessous du médiocre, et un des fléaux de l'humanité.

Si l'assemblée constituante eût senti

le besoin d'être révolutionnaire, avec les grands génies qu'elle possédait, elle eût épargné bien des maux à la France. Des hommes grossiers et ignorans avec ce mot ont manqué de tout perdre jusqu'à la liberté.

Je le repète, Marat franchit du premier pas l'intervalle immense qui sépare un état monarchique d'un état démocratique, et arriva le premier à la loi agraire : c'est ce qui le rendit si fort.

Danton craignant sans cesse que le char révolutionnaire n'allât pas assez vîte, mit dessus tant de chevaux qu'il fut emporté dans les abîmes, et lui-même écrasé sous les roues.

Robespierre hérita de tous deux et s'empara de leurs moyens; mais ces moyens étaient mauvais en eux-mêmes et le perdirent. Quant à lui, il n'inventa rien; il dut toute sa force à la délation.

Marat ſut tribun. Danton démagogue. Robespierre délateur.

Ce qu'on appelle le parti de la Gironde, eut des lumières et de la probité: ce fut à proprement parler le parti des républicains; mais les talens y étaient répandus avec une telle profusion, qu'il n'avait point de chef et ne pouvait en avoir. Qu'on pèse cette observation.

Un autre personnage, qui n'a point été connu, et qui appartient à l'histoire, autant pour le moins que la plupart des députés que je viens de nommer, c'est l'Admiral. J'ignore sous quelle couleur on s'est plû à peindre cet homme. Voici ce que je sais de lui et ce que je puis certifier:

Lorsqu'il arriva dans la Conciergerie, précédé par le bruit du coup qu'il avait tenté sur Collot d'Herbois, les guichetiers se précipitèrent vers lui, comme ils l'auraient fait sans doute vers Damien et Ravaillac. En effet, n'était-ce pas un des rois du comité de salut public, aux jours duquel on avait voulu attenter? Ils l'accablèrent de reproches et de questions. Ferme et inébranlable au milieu de leurs injures, il leur répondit: Quand je vous dirais les motifs qui m'ont porté à exécuter un pareil dessein, vous ne m'entendriez pas.

On mit avec lui dans son cachot un prisonnier condamné aux galères pour vol, et qu'on emploie par grace aux travaux les plus grossiers de la prison. Il y était placé comme mouton, c'est-à-dire espion, mais il ne put rien tirer de lui, sinon qu'il avait voulu servir sa patrie. Ce serait une étrange méprise cependant chez une grande nation, et digne en tout de cette désastreuse époque, que de mettre sous les mêmes verroux ses Brutus avec ses

G

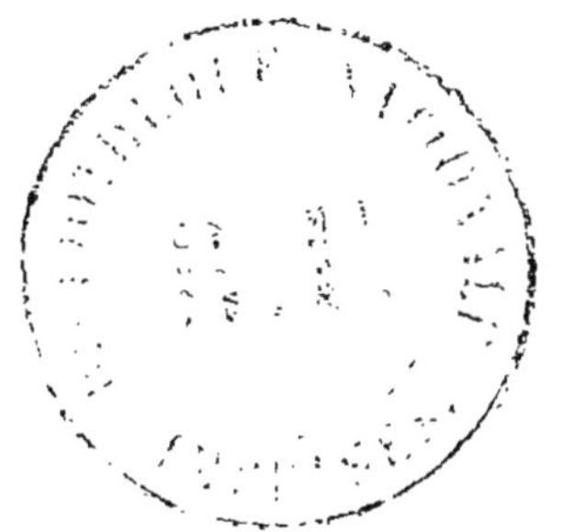

galériens, et de confondre ses Scævola avec ses Cartouche : la postérité jugera. Quoiqu'il en soit, l'Admiral, si c'était un Brutus, n'a dû son courage qu'à l'instinct naturel. Il paraissait n'avoir pas reçu une éducation plus soignée que celle qu'on donne ordinairement aux artisans. Il puisa dans la force de son ame ce que Brutus avait puisé dans les leçons du portique. Il monta plusieurs fois pour être confronté. C'était un homme petit, mais musculeusement et fortement constitué; son maintien et sa figure étaient d'une austérité extrêmement sévère et triste. A la vue d'une trentaine de personnes avec lesquelles on le confrontait, il s'écria : Que de braves citoyens compromis pour moi ! c'était le seul chagrin qui pût m'atteindre, mais il est bien vif. Il assura qu'il avait conçu seul son projet. Qu'y a-t-il donc là de si difficile à comprendre, leur disait-il? ne sont-ce pas des tyrans? Puis, s'en allant gravement après la confrontation, il entonna d'une voix forte :

Plutôt la mort que l'esclavage,
C'est la devise des Français.

Ces faits m'ont été attestés par une femme, qui toute Robespierriste qu'elle était, fut mise en jugement et condamnée avec lui, pour lui avoir acheté des meubles. il y avait environ 4 mois. Nulle autre relation, nul autre rapport ensemble. Quelqu'accoutumé qu'on soit à ces traits d'une barbarie sans exemple, on en est toujours étonné.

Ce qui n'étonne pas moins et fait frémir d'horreur, c'est le procès de la jeune fille Renaud, qui alla avec lui à la mort. Cette jeune fille qui semblait avoir quelqu'exaltation dans les idées, et même quelque désordre par le mouvement égaré de ses yeux, n'avait point eu le dessein de tuer Robespierre; elle n'avait pas la moindre arme offensive sur elle. Pour ses opinions, elles étaient mauvaises; mais quel rapport entre des opinions mauvaises et l'échafaud ? Cependant on l'arrête; on la plonge dans des cachots. Il semble qu'on va inventer de nouveaux supplices. pour prouver au tyran combien ses jours sont sacrés. Tout ce qui connait cette malheureuse jeune fille doit pé..r, son père, ses parens, ses amis. ses connaissances; ses frères qui répandent leur sang aux frontières, sont amenés chargés de fers, pour le verser sur l'échafaud, et s'ils échappent, c'est parceque, trop avides d'assassiner leur famille, on n'a pas eu la patience de les attendre. Soixante personnes que la petite Renaud n'a jamais vues, aussi innocentes qu'elle, et dont la plupart étaient en détention depuis 6 mois, l'accompagnent à la mort comme complices, et couvertes d'une chemise rouge. Sa maison, la rue entière qu'elle habitait, ne vont-elles pas être rasées ? Examinez, sous Tibère, la conduite de ce sénat qui le fatiguait par sa bassesse, et vous ne trouverez rien de marqué au coin d'une adulation plus féroce. Cette conduite du gouvernement d'alors et du tribunal révolutionnaire surpasse tout ce que Tacite en raconte ; ainsi, comme ils ont donné l'exemple de la plus grande férocité, ils l'ont aussi donné de la plus grande servitude.

Mais voici assez de faits particuliers, il est temps de peindre l'esprit qui n'a cessé d'animer ce tribunal abominable, et les scènes d'horreur qui se sont renouvellées dans la conciergerie. On croyait assez généralement avant le vingt-deux Prairial, que ce tribunal conservait quelques formes; mais je puis attester qu'il n'a jamais été qu'un tribunal de sang, ne suivant d'autres lois que son caprice, ou la férocité des tyrans auxquels il n'a jamais cessé d'être vendu: j'en ai la preuve dans les différens jugemens dont j'ai eu connaissance pendant une année de détention. Il est vrai qu'il ne poussa pas tout-à-coup l'impudence jusqu'à entasser comme *Caligula* dans un même procès, au nombre de soixante ou quatre-vingt, des hommes qui ne s'étaient jamais connus, et jusqu'à les juger en une heure; mais s'il était moins scandaleux, il n'était pas moins atroce. Comment des êtres dont on fit les bourreaux des prétendus conspirateurs des prisons, ont-ils pu être en aucun tems des juges intègres? Comment les assassins des vingt-deux députés, de Bailly, de Dietrich, de Houchard, de Custines père et fils, de Lamourette, de Biron, de Lamarlière, de la citoyenne Roland, et mille autres, peuvent-ils être soupçonnés d'avoir jamais eu de l'humanité? n'avaient-ils pas commencé par porter la désolation dans Orléans par la boucherie de neuf citoyens des plus considérables de cette ville? Ils ne cessèrent de tuer en détail, jusqu'à ce qu'enfin ils ayent tué en masse; et si alors l'instruction au lieu d'être d'une heure durait quelquefois deux jours, c'était un supplice de plus, car personne n'échappait. Long-tems avant le vingt-deux Prairial un de mes camarades de chambre, receveur de District, assassiné pour fédéralisme, trouva dans le même homme son dénonciateur, son témoin et son juré, et ce juré il l'avait fait condamner pour émission de faux assignats;

le crime trouvant par-tout protection, ce scélérat avait eu le moyen d'échapper à la vengeance des lois, et de devenir juge, de vil criminel qu'il était : de plus il était débiteur de celui qu'il condamna comme juré, et sa boule noire n'en tomba que plus vite. J'ai vu le billet entre les mains de ce malheureux jeune homme, nommé Barré, dont le frère et le vieux père moururent de douleur ; un brigand échappé au supplice, porta la désolation dans toute une famille honorée, patriote et paisible, et la fit disparaître de la terre.

Les malheureuses victimes étaient aveuglées jusqu'au dernier moment par l'espérance, et leurrées d'une idée de justice : on ne pouvait croire qu'elle se fût entièrement effacée du cœur d'hommes qui osaient s'appeller juges et jurés. Ceux qui arrivaient des départemens éloignés discutaient sur-tout leurs droits avec confiance : un vieux conseiller du parlement de Toulouse, disait avant de monter, qu'il ne voudrait pas être à leur place, et qu'il les embarrasserait bien ; un autre citait le droit romain ; cette erreur qui navrait l'ame des prisonniers, habitans anciens et expérimentés de la conciergerie, prenait sa source dans une ignorance bien naturelle : malheur à l'homme qui eût deviné tant d'horreurs ! Au moment d'être jugés, le bandeau s'épaississait plus que jamais sur leurs yeux ; la victime désignée sans le savoir, descendant en elle-même, n'y trouvait qu'innocence et que paix ; un appareil légal se développait devant elle ; un acte d'accusation, une liste de jurés, des témoins, des défenseurs chèrement payés, toutes les formes protectrices, tout ce qu'il y a de saint parmi les hommes, était mis en usage ;

mais ce n'était qu'une comédie atroce, qu'on jouait pour mieux l'abuser. Est-il étonnant qu'elle en fut la dupe ? Custines fils (1) malgré tout son esprit, malgré sa proscription demandée et obtenue ouvertement par Robespierre, y succomba lui-même : il prit un défenseur, écrivit toute la nuit ses moyens de défense, et faisait à ces bourreaux l'honneur de croire que l'innocence pouvait échapper une fois de leurs mains. L'espérance habite dans le cœur de l'homme jusqu'au dernier moment pour l'amollir et le trahir. Personne, pour le dire là-dessus, n'a fait ce qu'il devait : il fallait les faire succomber sous le poids de l'opprobre, et refuser de leur répondre : ou ces Septembristes habillés en juges, auraient repris les haches du deux Septembre,

(1) Voyez à la fin la notice sur son jugement.

ou ils auraient été obligés de lâcher leur proie. Il est bien vrai qu'après le vingt-deux Prairial, ils ne gardèrent plus de mesure : la paresse des subalternes y trouvait son profit autant que la cruauté des chefs. On n'avait plus besoin d'examiner des pièces qui s'accumulaient d'une manière effrayante ; on envoyait un garçon de bureau prendre les noms, et c'est tout ce qu'on voulait, puisqu'il ne s'agissait plus que de listes de proscription. Les défenseurs furent supprimés, ainsi que les interrogatoires ; mais si l'on ose le dire, cette loi fut salutaire, puisqu'elle ôta tout-à-fait le masque dont se couvrait ce fantôme de tribunal, qui au fond ne fut jamais composé que d'assassins : on vit alors des hommes condamnés par méprise de nom, le frère pour le frère, le père pour le fils, la mère pour la fille. Un jeune homme de vingt-cinq ans, qui n'avait jamais été marié, fut conduit au supplice comme ayant un fils émigré et qui portait les armes contre sa patrie. On se joua ouvertement et sans pudeur de la vie des hommes. La canaille des huissiers, des sous-greffiers, et de tous les subalternes, composée d'anciens recors, ou de misérables qui savaient à peine lire, se déchaîna contre l'existence des citoyens: ils insultaient dans leur griffonnage barbare à ceux qu'ils assassinaient. J'ai vu apporter à une femme un acte d'accusation sur lequel était écrit: *ête a guillotiner sans rimission*. Aucun de ces actes inlisibles n'était orthographié, et on n'y trouvait aucune construction française. Souvent on recevait un acte destiné à une autre personne: alors l'huissier se contentait de substituer votre nom à celui qu'il effaçait. Plusieurs fois en buvant avec les guichetiers, ils en fabriquaient tout-à-coup et de gaieté de cœur. Des femmes ont entendu dicter leurs accusations au milieu des ris : *joignons celle-là à son mari*, criaient-ils en s'enivrant, et la victime n'échappait pas : en effet, ces actes étant imprimés avec un protocole commun à tous, il n'y avait que quelques lignes à remplir, et c'est dans ce peu de lignes que se commettaient les méprises les plus absurdes et toujours impunément. La ci-devant duchesse de Biron entr'autres monta avec un acte d'accusation, rédigé pour son homme d'affaires. Oui, c'est l'heureux génie de la France qui les poussa à se démasquer par la loi du vingt-deux Prairial. N'avaient-ils pas ôté la parole aux vingt-deux députés et à Danton ? La conscience des jurés ne jouait-elle pas à l'aise dans leurs poitrines, depuis qu'ils pouvaient se déclarer assez instruits ? ne jugeaient-ils pas d'après des inductions ? Pourquoi donc cette loi du vingt-deux ? O vertige des scélérats ! o inconcevable enchaînement des événemens humains !

Enfin, avant le vingt-deux Prairial, n'ai-je pas vu des hommes, qui, pendant qu'on les interrogeait, avaient entendu rédiger leur acte d'accusation dans la pièce voisine ? Avant le vingt-deux Prairial, n'insultaient-ils pas de la manière la plus barbare à l'accusé qu'ils chargeaient d'outrages et qu'ils livraient aux risées du peuple ? La pudeur des femmes les plus vertueuses et les plus respectées n'y était-elle pas revoquée en doute, et forcée à rougir aux quolibets grossiers d'une canaille crapuleuse, dont le repaire le plus ordinaire était dans les mauvais lieux, et qui souvent siégeaient étant ivres ? Je viens de dire que parmi ces jurés il y avait un faiseur de faux-assignats ; mais presque tous étaient aussi vils ; et qui voudrait fouiller dans cet égout, y trouverait des hommes flétris par la justice (1). Coffinal, Dumas, n'étaient-ils pas juges avant cette époque ; et pour *faire feu de file*, avaient-ils attendu le signal de la loi du vingt-deux ? Si c'est une verité incontestable que le crime à découvert est moins hideux, que lorsqu'il prend le masque de la vertu, ne serait-il pas absurde de nier que le tribunal était plus atroce encore avant le vingt-deux Prairial qu'après ?

Les furieux du dehors secondaient parfaitement ces monstres : jamais an-

---

(1) A la première séance du tribunal renouvellé après le 9 Thermidor, on chassa un juré qui avait été fouetté et marqué ; tant l'épuration prétendue avait été scrupuleuse. Le tribunal présidé par Dobsen, n'en continua pas moins à assassiner des fédéralistes, aux yeux de tout Paris témoin du fait que je viens de citer.

tropophages n'ont eu de pourvoyeurs plus zélés et plus entendus. On voyait arriver sans cesse de nouvelles victimes ; il semblait sur-tout qu'ils étaient animés d'une fureur aveugle contre le sexe le plus faible et le plus aimable. Les femmes les plus belles, les plus jeunes, les plus intéressantes, tombaient pêle-mêle dans ce gouffre, d'où elles sortaient, pour aller par douzaines inonder l'échafaud de leur sang.

On eût dit que le gouvernement était dans les mains de ces hommes dépravés, qui, non contens d'insulter au sexe par des goûts monstrueux, lui vouent encore une haine implacable. De jeunes femmes enceintes ; d'autres qui venaient d'accoucher et qui étaient encore dans cet état de faiblesse et de pâleur qui suit ce grand travail de la nature, et qui serait respecté par les peuples les plus sauvages ; d'autres

dont

dont le lait s'était arrêté tout-à-coup ; ou par frayeur, ou parce qu'on avait arraché leurs enfans de leur sein, étaient jour et nuit précipitées dans cet abîme. Elles arrivaient traînées de cachots en cachots, leurs faibles mains comprimées dans d'indignes fers. On en a vu qui avaient un collier au col. Elles entraient les unes évanouies et portées dans les bras des guichetiers qui en riaient, d'autres en pleurs, d'autres dans un état de stupéfaction qui les rendait comme imbéciles : vers les derniers mois sur-tout, c'était l'activité des enfers. Jour et nuit les verroux s'agitaient. Soixante personnes arrivaient le soir pour aller à l'échaufaud. Le lendemain elles étaient remplacées par cent autres, que le même sort attendait les jours suivans.

De tous les coins de la France on charriait des victimes à la conciergerie.

Elle se remplissait sans cesse par les envois des départemens, et se vidait sans cesse par le massacre et le transférement dans d'autres maisons. Des guichetiers chargés d'actes d'accusation, les colportaient de chambre en chambre très avant dans la nuit. Les prisonniers, arrachés au sommeil par leurs voix épouvantables et insultantes croyaient que c'était leur arrêt. Ainsi ces mandats de mort, destinés à 60 ou 80 personnes, étaient distribués chaque jour, de manière à en effrayer 600. Par la gradation des massacres, j'ai bien connu toute la profondeur de ce vers de racine :

Et laver dans le sang vos bras ensanglantés.

D'abord ils avaient entassé 15 personnes dans leur charrette meurtrière; bientôt ils en mirent trente, enfin jusqu'à quatre-vingt-quatre ; et quand la mort de Robespierre est venue arracher le genre humain à leurs fureurs, ils avaient tout disposé pour en envoyer cent cinquante à la fois à la place du supplice. Déjà un aqueduc immense, qui devait voiturer du sang, avait été creusé à la place Saint Antoine. Disons le, quelqu'horrible qu'il soit de le dire : tous les jours, le sang humain se puisait par sceaux, et quatre hommes étaient occupés, au moment de l'exécution, à les vider dans cet aqueduc.

C'était vers les trois heures après-midi, que ces longues processions de victimes descendaient du tribunal, et traversaient lentement, sous de longues voûtes, au milieu des prisonniers qui se rangeaient en haie pour les voir passer, avec une avidité sans pareille. J'ai vu quarante-cinq magistrats du parlement de Paris, trente-trois du parlement de Toulouse, allant à la mort du même air, qu'ils marchaient autrefois dans les cérémonies publiques. J'ai vu trente fermiers-généraux passer d'un pas calme et ferme; les vingt-cinq premiers, négocians de Sédan, plaignant, en allant à la mort, dix mille ouvriers qu'ils laissaient sans pain. J'ai vu ce Beysser, l'effroi des rébelles de la Vendée, et le plus bel homme de guerre qu'eût la France; j'ai vu tous ces généraux, que la victoire venait de couvrir de lauriers, qu'on changeait soudain en cyprès. Enfin tous ces jeunes militaires, si forts, si vigoureux, qu'on entourait d'une armée de gendarmes; leur jugement semblait avoir fait sur eux l'effet d'un enchantement qui les rendait immobiles. J'ai vu ces longues traînées d'hommes qu'on envoyait à la boucherie. Aucune plainte ne sortait de leur bouche ; ils marchaient silencieusement, et semblaient craindre de regarder le ciel, de peur que leurs regards n'exprimassent trop d'indignation. Ils ne savaient que mourir. Ce n'est pas tant à braver la mort, qu'à braver la douleur, qu'il faudrait accoutumer les hommes. Que de gens se sont laissé couper la tête, pour avoir eu peur de se faire casser un bras (1).

Dans ce hachis d'hommes, qu'on

(1) Le courage n'est peut-être pas le mot propre à carectériser la résignation à une mort inévitable.

Le courage suppose la liberté du choix entre une action lâche, et une mort glorieuse. Vergniaud, Gensonné, Ducos et Fonfréde ont donné chez nous le plus gran exemple de ce courage. Il prend sa source, appellait fournées, on entassait des êtres diamétralement opposés de sys-

---

dans la grandeur d'ame et dans l'amour de la vertu.

L'autre prend la sienne dans l'éducation, qui donne l'amour des convenances. L'extrême civilisation arrete l'essor des sentimens naturels, et fait regarder comme inconvenable leur manifestation en public. Le ci-devant duc de Villeroi, et le ci-devant comte de Brienne ex-ministre, n'étaient certainement pas des gens courageux. Ils mentaient sans cesse à leur conscience et tombaient à genoux devant un bonnet rouge. Ils refusèrent de jouer une partie de piquet, parce qu'on leur présentait des cartes qui n'étaient pas républicaines. Le lendemain ils allèrent à la mort avec beaucoup de tranquillité.

J'ai vu au contraire des hommes de la dernière classe du peuple, qui en allant au supplice, prenaient à témoin le ciel et la terre, et faisaient tout retentir de leurs lamentations. Qu'elle différence y avait-il tême et de parti. Thouret avec d'Epréménil, Chapelier (1) avec la ci-devant duchesse de Grammont. Plusieurs fois des générations entières ont été absolument détruites en un jour : le respectable Malesherbes (2), âgé de plus

---

entre les premiers et ceux-ci? Les uns avaient de l'education, et les autres n'en avaient pas. Mais s'il eût fallu s'exposer pour secourir son semblable, à coup sûr le dévouement se serait trouvé du côté des hommes grossiers qui pleuraient.

(1) Chapelier dit à d'Epréménil : Monsieur d'Epréménil, on nous donne dans nos derniers momens un terrible probléme à résoudre. — Quel problême? — C'est de savoir quand nous serons dans la charrete, à qui de nous deux s'adresseront les huées. A tous deux, reprit d'Epréménil.

(2) Ce vieillard respecté de toute l'Europe, reçut jusqu'à ses derniers momens, les hommages qui sont dûs à la vertu. On se sou-

de 80 ans, fut traîné à la mort, à la tête de sa famille entière ; il périt avec sa sœur, sa fille et son gendre, et la fille et le gendre de sa fille ;

---

venait que le premier emploi qu'il fit de son pouvoir étant ministre, fut de rendre la liberté à une foule de citoyens ; enfin de visiter les prisons, et d'y adoucir le sort des malheureux. Un citoyen l'apperçoit dans un endroit écarté au fond de l'infirmerie. Il tombe à ses pieds d'attendrissement et d'admiration : je me suis avisé vers mes vieux ans, d'être mauvais sujet, et de me faire mettre en prison, lui dit le vieux Malesherbes en le relevant.

Il conservait beaucoup de sérénité et même de gaité. Après avoir lu son acte d'accusation, il dit : mais si cela avait au moins le sens commun.

En descendant l'escalier pour aller au tribunal, il fit un faux pas. C'est de mauvaise augure, dit-il, un romain rentrerait chez lui.

madame de Montmorin, avec son fils. Quatre Briennes furent tués à la fois. Dans d'autres *fournées* on voyait réuni ce que la nature avait de plus aimable : quatorze jeunes filles de Verdun, d'une candeur sans exemple, et qui avaient l'air de jeunes vierges parées pour une fête publique, furent menées ensemble à l'échafaud. Elles disparurent tout-à-coup, et furent moissonnées dans leur printemps : la cour des femmes avait l'air, le lendemain de leur mort, d'un parterre dégarni de ses fleurs par un orage. Je n'ai vu jamais parmi nous de désespoir pareil à celui qu'excita cette barbarie.

Vingt femmes du Poitou, pauvres paysannes pour la plupart, furent également assassinées ensemble : je les vois encore, ces malheureuses victimes, je les vois étendues dans la cour de la Conciergerie, accablées de la fatigue d'une longue route et dormant sur le pavé. Leurs regards, où ne se peignait aucune intelligence du sort qui les menaçait, ressemblaient à ceux des bœufs entassés dans les marchés, et qui regardent fixement et sans connaissance autour d'eux. Elles furent exécutées toutes peu de jours après leur arrivée. Au moment d'aller au supplice, on arracha du sein d'une de ces infortunées, un enfant qu'elle nourrissait, et qui au moment même s'abreuvait d'un lait, dont le bourreau allait tarir la source. O cris de la douleur maternelle, que vous futes aigus ! mais vous futes sans effet. Quelques femmes sont mortes dans la charrette, et on a guillotiné des cadavres. N'ai-je pas vu peu de jours avant le 9 Thermidor, d'autres femmes traînées à la mort ; elles s'étaient déclarées enceintes.... Et ce sont des hommes, des

Français, à qui leurs philosophes les plus éloquens prêchent depuis soixante années, l'humanité et la tolérance!.... Si l'on n'eût arrêté ce débordement de sang humain, je ne doute pas qu'on n'eût vu des hommes aller se précipiter d'eux-mêmes sous le tranchant de la guillotine. Comme l'a très-bien dit Fréron, la première des affections sociales, l'amour de la vie, s'éteignait déjà dans tous les cœurs. J'ai vu plus de dix femmes, qui n'osant prendre du poison, avaient crié *vive le roi*, et chargeaient par ce moyen cet abominable tribunal, du soin de terminer leurs jours. Les unes pour ne pas survivre à un époux, d'autres à un amant, d'autres par dégoût de la vie, presqu'aucune par fanatisme royal. Et dans quelle classe se trouvaient ces infortunées? Dans celle de l'indigence: quelques-unes étaient de misérables prostituées, mais encore riches de leur jeunesse et de leur beauté. O! si des législateurs étaient témoins des terribles effets de lois violentes ou passionnées, combien de victimes elles écrasent, comme ces édifices qui s'écroulent dans une fête publique, ils frémiraient des dangers de leur mission : ils verraient des milliers de citoyens dans les pleurs, les autres en fuite et mourant de misere; d'autres dont la raison est aliénée, et qui dans leur délire, d'une voix de fer, les maudissent le jour et la nuit, avec des imprécations affreuses. Après la loi qui chassait, sous trois jours, tous les nobles de Paris, j'ai vu arriver entre beaucoup d'autres une jeune femme, qui depuis n'avait pris aucune nourriture; sa raison était égarée. Née dans l'opulence, elle avait à peine trouvé depuis un an dans l'ouvrage de ses mains de quoi fournir à son existence ; cette loi lui ôtait tous moyens de vivre ; elle n'avait plus de ressource que la mort, et elle était venue la demander, en se dénonçant elle-même. Sa pâleur extrême, causée par le chagrin et l'inanition, n'empêchait pas de trouver sur son visage les traces de la décence, de la beauté et de la jeunesse. Ses malheurs n'étaient pas encore au comble ; elle devait apprendre qu'un époux adoré, dont elle ignorait le sort, avait péri sur l'échafaud peu de jours avant. Sur son acte d'accusation, elle lut qu'elle était veuve.... Elle fut rejoindre son époux.

Si au milieu de tant de désolations, quelques malheurs enfonçaient des pointes plus acérées dans le cœur des infortunés, au milieu du courage général, quelques actions particulières se faisaient remarquer et brillaient d'un éclat plus vif que toutes les autres. Cette époque qui offre l'exemple de tous les crimes, offre aussi quelquefois celui de la vertu sublime. Des jeunes femmes-de-chambre ont voulu mourir avec leurs maîtresses, et quand l'espionage et la délation portaient un coup mortel aux mœurs, elles périssaient par un dévouement généreux. Une bonne religieuse ne voulut pas sauver sa vie aux dépens d'un très léger mensonge. La ci-devant marquise de Bois-Bérenger et sa sœur, la comtesse de Malézy, se conduisirent réellement avec l'héroïsme qui est très exactement décrit dans l'Almanach des prisons, article Luxembourg.

Toutes ces femmes étaient très jeunes et de la figure la plus intéressante.

La ci-devant marquise de Bois-Bérenger ne quittait pas sa mère d'un instant; elle veillait sur elle, et on eût dit que la sollicitude maternelle était passée toute entière dans l'ame de la fille. Elle couvait sa malheureuse mère de ses yeux, était sans cesse sur ses pas, l'encourageait par son exemple et par ses discours : pour la mère, elle était ainsi que toutes les mères que j'ai vues dans ces horribles crises, muette et pétrifiée..... C'était Niobé changée en pierre. Elles avaient toutes une piété douce, et semblaient des anges qui prennent leur essor vers le ciel.

La ci-devant comtesse Malézy disait à son père : Je me serrerai tant contre vous, mon bon père, vous qui êtes si honnête homme, que Dieu me laissera passer malgré mes péchés. Elle avait une des plus séduisantes figures et des plus aimables qu'il fut possible de voir.

Toutes ces familles proscrites, heureuses de mourir ensemble, s'unissaient étroitement, confondaient leurs ames dans un épanchement mutuel, persuadées qu'elles allaient se retrouver, et que ce passage d'un monde où elles étaient persécutées, dans un autre monde plus heureux, était desirable pour elles; que mourir c'était fermer un instant les yeux pour les r'ouvrir à une lumière éternelle, et qu'elles allaient enfin trouver l'égalité dans un asyle de paix où tous les titres disparaissent réellement, et où on ne les rappelle pas sans cesse pour multiplier les assassinats et les persécutions. Mais pour arriver à ce port tant desiré, que le passage était orageux et terrible! Femmes infortunées, c'était peu d'avoir vu vos longues chevelures tomber sous le fer des bourreaux, vos tendres mains douloureusement serrées par des cordes, et les apprêts de la mort recommencer cent fois pour vous, dans chacune de vos compagnes ; il vous fallait encore, avant de fermer les yeux, supporter le spectacle d'une populace égarée et furieuse qui vous chargeait d'imprécations. Vous cherchiez en vain dans les regards quelques marques de pitié, elle se cachait dans le fond des cœurs ; la fureur seule avait droit de se montrer. Nous entendions ces cris qui, arrêtés par cinq à six portes, s'assourdissaient en plongeant dans la conciergerie, et arrivés jusqu'à nous, ressemblaient à des gémissemens étouffés. Spectacle plus affreux ! nous voyons les sommets des têtes des malheureux qu'on encombrait dans les charrettes.

Mettons fin à ces peintures déplorables. Vous qui, les larmes aux yeux, avez cherché dans mes pages les noms de ceux qui vous ont été chers, ne gardez point de ressentiment contre moi, si vous ne les y avez pas trouvés. Quel volume contiendrait ces listes effrayantes ? Ai-je pu même retracer en masse les malheurs dont j'ai été témoin ? ai-je parlé de ceux qui, entassés dans des lits pestilentiels, mouraient de chagrin, d'ennui et de misère, loin de leur famille et privés de tous soins ? Ai-je dit qu'on faisait porter au tribunal des hommes mourants ? Ai-je peint cet horrible combat entre des jurés cannibales et la fièvre putride, qui se disputaient un cadavre ? Roucher, (1) Chénier, Rabaut, La-

(1) Ces vers qu'il fit avant de mourir, sont d'un véritable philosophe. Quel courage sans effort ! quel calme, quelle simplicité !

Ne vous étonnez pas, objets charmans et doux,

voisier, Dietrich, Barnave, Linguet et tant d'autres, noms chers aux sciences, aux beaux arts et à l'éloquence, je ne vous ai point consacré de regrets particuliers, mais qui pourra vous effacer de mon souvenir ? Femmes charmantes, mères éplorées, vierges innocentes et douces, vieillards respectables et courbés sous le poids des ans, élite de citoyens de toute espèce, jeunesse instruite et courageuse, assassinée pour n'avoir pas cru à Marat ou pour un moment d'erreur, vous tous, je vous ai vu entraîner à la mort. Pourquoi faut-il que la nature m'ait jetté sur la terre dans cette

---

Si quelqu'air de tristesse obscurcit mon visage :
Lorsqu'un crayon savant dessinait mon image,
On dressait l'échafaud, et je pensais à vous.

époque désastreuse où le fléau de l'intolérance politique devait frapper la misérable espèce humaine et la rendre malade jusqu'à la moële? Qu'avais-je fait? et de quel crime originel ma naissance fut-elle marquée, pour être appellé à voir couler tant de sang qui jaillissait presque sur moi? La flèche empoisonnée du désespoir a traversé mon ame; je la porte par-tout: et si mes bourreaux dont la rage n'est pas rassasiée par quatorze mois de la plus dure captivité, ne signent pas mon honorable proscription, je succomberai bientôt sous tant de souvenirs affreux, et je mourrai honteux d'avoir été homme.

FIN.

A JOSEPH SOUQUE.

Paris, 5 Ventôse, an 3 de la République une et indivisible.

Vous trouvez donc, mon cher ami, que je ne suis point entré dans assez de details sur ce qui me concerne, et vous voudriez que dans ce petit ouvrage, que j'ai intitulé *mes Mémoires*, il fût un peu plus question de moi. Je sens tout ce que ce reproche a d'obligeant. Je suis pour vous d'un intérêt plus vif, que ne l'est pour le public si insouciant le nom qu'il chérit le plus. Vous voudriez me suivre dans les moindres objets de ma vie enchaînée ; j'allais presque dire domestique. En effet, dans ces horribles demeures ne m'étais-je pas composé une famille, des amis; et quatorze mois d'habitude ne m'avaient-ils pas fait donner quelquefois le nom si doux de foyer à l'antre où la tyrannie m'avait enséveli? Ne retrouvai-je pas quelquefois avec plaisir mon misérable grabat? La gaité n'apparaissait-elle jamais à cette table, où tant de convives s'asséyaient pour la dernière fois au banquet de la vie? Ne fut-elle jamais pour moi une table hospitalière, où pressé entre des hommes d'un courage élevé, d'un cœur pur, le mien se sentait réchauffer et revivre? D'un autre côté, ce cœur n'a-t-il pas été tour-à-tour agité par tous les sentimens? N'a-t-il pas été ouvert aux douleurs d'autrui et déchiré de ses propres angoisses? Vous me connaissez sensible; vous avez la bonté de croire que je suis observateur, et vous espérez par un double résultat connaître mieux le cœur de l'homme en connaissant plus particulièrement le cœur de votre ami. Qu'il est tumultueux ce cœur, qui vaut quelque chose enfin, puisqu'il simpathise avec le vôtre. Je vous l'ai toujours répété, je suis frappé d'une organisation funeste sur laquelle j'adresse chaque jour au ciel des plaintes amères, mais inutiles. Misérable victime, jettée au milieu du monde social, il m'effraye et me navre. Je halète après la nature; mais je suis, par rapport à elle, comme ces enfans qui n'ayant point été nourris par leur propre mère, n'ont pas l'habitude du visage et du doux giron maternel, et ont laissé prendre le change à leurs affections filiales. Les révolutions des saisons, la variation des airs, les aspects lointains de la nature, le choc des élémens, tout retombe sur mon cœur. Le repos ne semble pas fait pour lui ; il est ouvert à toutes les atteintes, comme le serait un corps dépouillé de l'épiderme protectrice qui recouvre ses fibres, ses nerfs et ses muscles ; de cette foule de sensations qui m'assiègent résulte nécessairement une plénitude de vie qui doit produire la satiété. Si vivre c'est sentir, quelle vie patriarchale égalerait la mienne, à peine arrivé cependant sur le seuil de l'âge viril. Je vous donne-là mon secret, mon cher ami ; il ne m'est plus possible désormais de trancher du héros, et quelqu'honorables motifs que vous ajoutiez d'ailleurs à mon dédain de la vie, vous vous souviendrez toujours que la satiété y avait beaucoup de part, et que rendu de fatigue, j'ai pu soupirer après le port tranquille où la sensibilité repose. Quoi qu'il en soit, vous voilà bien instruit de mon mépris pour l'existence, et ce mot vague, si trivialement employé à chaque heure, a pris pour vous un sens précis, parce que je vous en ai développé les causes.

J'étais donc au milieu des actes d'accusation et des bourreaux, fort expéditifs, il est vrai, mais qui ne marchent point escortés par la douleur et la honte, tout aussi tranquille pour ma part, que dans aucune situation de ma vie. Quelquefois, il est vrai, je me troublais à l'idée que je serais interrogé en public, et exposé sur de hauts gradins aux regards du peuple. Mais cette sensation n'était pas plus forte que celle qu'éprouve un orateur timide, qui doit faire un discours en public, ou un jeune homme qui doit paraître pour la première fois dans un cercle nombreux. J'y eusse été timide, forte preuve que je n'y eusse pas été lâche. Si pour moi-même j'étais en pleine sécurité, je n'y gagnais rien du côté du bonheur : qu'on ne mette pas les remords du plus grand des scélérats auprès des souffrances, des palpitions suffocantes et continues, dont mon cœur était convulsivement bouleversé.

Une femme qui avait possédé toute mon ame, et qui peut-être, si elle l'eût mieux connue, aurait voulu la conserver, m'avait écrit à Bordeaux : ses lettres n'étaient point signées ; elles ne contenaient rien de relatif aux affaires politiques ; mais qui pouvait me rassurer moi, qui chaque jour voyais immoler et proscrire jusqu'à des jeunes filles, qui à peine savaient ce que c'était que la révolution ? Me voici donc cette pensée mortelle enfoncée dans le cœur, qu'on pourrait l'arrêter, que si une fois elle franchissait le seuil fatal de la conciergerie, elle était perdue, et que j'en serais la cause. Son image qui s'effaçait déjà de mon cœur, s'y regrave tout-à-coup en traits plus forts; mais ce n'était plus l'amour cette fois-ci, c'était la terreur qui la burinait. Chaque jour, comme un serviteur fidèle, elle accourait à mon réveil, elle accourait à mon coucher, au milieu des nuits; mais c'était pour me torturer par la crainte de la voir compromise. Si une femme était amenée la nuit, réveillé par le bruit des verroux, je croyais que c'était elle. Dans le jour, mes transes mortelles accompagnaient chaque nouvelle de l'arrivée d'une victime.

Que de palpitations, que de craintes, que d'alarmes! Je ne sais quelle providence qui a toujours mesuré mes adversités à mes forces, m'a épargné cet horrible malheur, le plus grand qui puisse arriver, celui de causer la perte de ses amis! Je fusse tombé mort à sa première vue. Tel fut le ver rongeur qui pendant onze mois, jour et nuit, s'attachait à mon cœur. Prométhée sur le Caucase est ma véritable image. On dit de lui que c'était sans interruption; on doit le dire dans un récit fabuleux. Moi qui écris la vérité sous les yeux de la nature, je dirai que c'était par intervalles, mais jamais par des intervalles d'un jour entier ou d'une nuit entière.

Dans ces tribulations qui m'étaient envoyées par elle, je m'écriais : L'infortunée! je causerais sa mort! hélas! si une passion profonde exaltait son ame.. J'en ai vu des amans heureux de mourir ensemble; mais faut-il qu'au moment où elle a cessé de m'aimer, elle commence à souffrir pour moi?

Quelqu'horribles qu'aient été mes souffrances, je te rends grace, ô ciel! tu m'as épargné la plus affreuse de toutes. L'idée seule que je serais la cause qu'on assignerait quelqu'un en témoignage, me remplissait d'épouvante; c'était les appeler au milieu d'un coupe-gorge; il suffisait que leur figure déplût à quelque juré, pour qu'on se fît un jeu de les faire monter au rang des accusés, et de là au rang des victimes. Mes craintes justifiées par beaucoup d'évènemens, peignent mieux que tous les discours la jurisprudence de ce tribunal. Ce sont ces motifs sur-tout qui m'avaient déterminé à me donner la mort aussitôt que j'aurais reçu mon acte d'accusation. Je l'eusse fait; les exemples généreux ne me manquaient pas; Roland, Clavières, Pétion, Buzot, Barbaroux, Valazé, m'avaient ouvert la carrière, et avant eux tous, Cassius, Brutus et Caton. Sur la même cruche avec laquelle j'allais chercher de l'eau pour notre provision, j'aiguisais en philosophant le couteau qui devait me délivrer de mes tyrans; seulement toujours à la veille de m'enfoncer ce large couteau dans les entrailles, je disais comme le fils de Marie: *Détournez de moi ce calice s'il est possible.* Lisez Sénèque, Epictète et Marc-Aurèle, vous ne trouverez pas d'expression d'une résignation plus touchante et d'un courage plus vrai. Celui là est accommodé à la nature humaine. Souvent le bruit se répandait que mon tour était arrivé; comme on bat la générale pour tenir les troupes en haleine et les éprouver, le hasard semblait renouveller de tems en temps pour moi ces fatales épreuves; les évènemens me trouvaient toujours prêt, et mon ame était à son poste. Enfin cette ame avait de la force contre tout, mais succombait à l'idée d'un témoin obligé à cause de moi de comparaître au milieu de cette foule d'assassins. Hélas ! parmi ceux qui devaient naturellement être appellés, pendant que tout occupé de leurs dangers et bravant les miens propres, j'avais pris la résolution d'assurer leur tranquillité par le sacrifice de ma vie, plusieurs conspiraient ma perte ; mon généreux dévouement était payé par ce digne salaire.

Je vous dispensais tous des devoirs de l'amitié, ils étaient si dangereux à remplir alors. Je trouvais dans mon abandon même quelques charmes ; je me disais : Tous les fils des affections humaines sont coupés autour de moi ; mais je m'en console, ils auraient été peut-être autant de conducteurs par lesquels mes adversités seraient descendues jusqu'aux autres et les auraient enveloppés.... Mais refuser de dire la vérité, me trahir, me dénoncer, vouloir forcer la personne dont j'ai parlé plus haut à joindre ses dénonciations aux leurs... Ces traits sont d'une si hideuse bassesse, que je n'aurais qu'à prononcer leur nom, pour lui imprimer un opprobre ineffaçable.

Comme vous avez l'usage d'analyser en lisant, vous résumez ce que je viens de dire, et vous me voyez prêt à chaque instant d'être frappé de la hache, ayant des ennemis au dehors et point d'amis; vous étiez enchaîné vous-même alors par suite de votre dévouement généreux, et aux amis près, dans une situation équivalente. Les visites assidues, les petits

petits soins multipliés adoucissaient le sort des autres prisonniers. Quand les visites furent supprimées, les lettres pleines de sentimens affectueux les remplacèrent; enfin, quand le raffinement de la cruauté eut imposé la privation de tous ces allégemens à mes camarades d'infortune, l'industrieuse et active amitié trompait les surveillans, les barraux et les verroux, pour faire circuler la consolation jusqu'à leur cœur: la vue de ces objets me portait quelquefois à des retours douloureux sur mon isolement.

Et moi aussi je méritais qu'on m'aimât (1), me disais-je. Mes lar-

---

(1) Enfin le ciel eut pitié de mon délaissement, en m'envoyant une amie, dont les soins et le courage ont acquis des droits éternels à mon admiration et à ma reconnaissance.

mes se gonflaient dans leur source, mais ne jaillissaient point; et les raisons que j'ai dites plus haut accouraient me calmer. Imaginez que tous ces mouvemens, ces troubles, ces douleurs, s'agitaient confusément dans mon sein, mais sans éclater au dehors, comme ces volcans qui crevassent et déchirent les entrailles de la terre, et dont la surface est recouverte d'une pelouse riante. J'étais le consolateur universel, même beaucoup de gens me croyaient de la gaité; en effet, je ne confiais guères ma tristesse qu'à un long corridor éclairé par une lampe sépulchrale, triste asyle de la mort, et où les prisonniers se promenant lentement, semblaient s'accoutumer à la nuit et au silence des tombeaux.

Là que j'ai recueilli de tristes regrets, combien d'adieux ai-je été chargé de faire passer à des veuves désolées, à de malheureux orphelins! Jeune et infortuné Mouclar, c'est là que tu me parlais sans cesse de Sophie. Depuis quatre ans d'une union sans exemple et formée par un amour passionné et constant, la couche nuptiale ne l'avait pas vu s'absenter une seule fois; la mère, l'enfant et le jeune époux y trouvaient ensemble chaque nuit le repos et le bonheur. Des scélérats l'ont arraché de leur sein. Ils ont opéré ce déchirement affreux et leur ont ôté leur appui, leur consolation, leur bien suprême, et il était innocent, et il ne leur offrait pas même un prétexte pour l'assassiner!

Fille de Vernay, c'est là que je pleurais ta perte, toi dont le cœur se plaisait tant à s'épancher dans le mien. Ton acte d'accusation te remplit de joie ; la sécurité animée et la gaité reparurent sur ton visage. Ces faits sont tellement faux, qu'ils ne peuvent me condamner. disais-tu. Le bonheur de l'innocence rayonna dans tes yeux ; l'espérance qui a des ailes, te reporta en un instant dans les bras de ton frère, de ta fille, de ton ami ; je les verrai.... Non, tu ne les reverras plus ! ils t'ont assassinée... Estimable Laviolette, la plus tendre et la plus chérie des mères, toi qui a Courtray pansais de tes propres mains les blessures des Français, et qu'un amour ardent de la révolution avait entraînée au milieu d'eux, tu y as trouvé la mort..... sur l'échafaud ! des jurés ivres te condamnèrent en sortant de leur taverne. L'inexprimable bonté qui se peignait sur ta figure ne les a point désarmés ; mais la sérénité de ton courage n'en fut point troublée. C'est au bout de ce long corridor que tu me fis appeller, et à travers une fenêtre tu me dis : Regardez-moi, je suis tranquille ; assurez vos camarades que je meurs digne d'eux. Telles furent tes dernières paroles. Oui, véritable amante de la liberté, tu fus aussi courageuse qu'ils furent barbares, aussi calme et aussi bonne que ton époux qui t'assassinait était furieux et imprudent. Qu'il la regarde cette tête de mort que tu fis mettre sur le portrait que tu lui envoyas avant de mourir... et se dise à chaque instant du jour : Cette tête.... maintenant c'est celle de ma femme... et c'est moi qui l'ai tuée....

Pour arracher votre ame à la profonde tristesse dans laquelle tout ce que je viens de vous dire a du la plonger, et remplir l'objet de ma lettre, qui est de vous montrer l'intérieur de notre prison, je n'ai qu'à vous ouvrir les portes du n.° 13 ; c'est-là que j habitais. Le courage était comme inhérent à cette chambre. Pour nous Robespierre fut toujours un tyran, le 31 Mai une contre-révolution, la montagne un ramas de brigands ou de fous furieux, les jurés du tribunal révolutionnaire des cannibales, et nous le proclamions hautement. C'est-là que pendant 14 mois entiers, j'ai vécu avec S. . . le brave commandant du Finistère, celui qui, au 10 mars, sauva la Convention Nationale, et qui sans se démentir un seul instant au milieu de tant de souffrances, nous donna le modèle le plus accompli d'égalité d'ame, de bienfaisance, d'aménité et d'une invincible politesse. C'est encore une des graces que j'ai à rendre au ciel. Il vit, et je n'ai point à déplorer sa perte, qui eût empoisonné le reste de mes jours. Tous mes amis du dehors m'avaient abandonné, il m'en tint lieu; je l'admirais et je l'aimais.

C'est un numéro bien remarquable que ce n.° 13; on y jouait jusqu'au tribunal même. Dix-huit lits attenants les uns aux autres, étaient séparés par de hautes planches, entre lesquelles chaque individu isolé était comme enseveli; sur chaque lit siégeait un juré. L'accusé monté sur une table, les avait en face de lui; le greffier et l'accusateur public remplissaient le parquet. C'était ordinairement à minuit que commençaient nos séances, lorsque sous nos verroux et sous nos tristes voutes, nous étions presque certains de n'être plus troublés. L'accusé était toujours condamné; cela pouvait-il être autrement, puisque c'était le tribunal révolutionnaire? Une fois condamné, l'horrible appareil se développait: les mains étaient attachées, et le patient venait sur la barre d'un lit recevoir le coup du glaive qui s'abattait sur sa tête. Par un de ces évènemens très-ordinaires en révolution, l'accusateur public devint accusé lui-même, et par conséquent condamné. Il subit son jugement; mais tout-à-coup il revient couvert d'un drap blanc, nous effrayer par le tableau des tortures qu'il éprouvait aux enfers; il nous fit l'énumération de ses crimes, prédit aux jurés ce qui leur arriverait: qu'ils seraient promenés dans des tombereaux de sang, enfermés dans des cages de fer, et qu'ils épouvanteraient le monde par l'horreur de leurs supplices, comme ils l'avaient épouvanté par leurs cruautés inouies. Il y avait dans notre chambre un nommé Lapagne, le pampin du n.º 13. Il avait été maire d'Ingouville, faubourg du Havre, où il avait été envoyé par les jacobins, et à cette époque il était bien digne de les servir, puisqu'il avait été chef de voleurs et condamné à être rompu pour assassinat, sous l'ancien régime. Notre revenant va le saisir au collet, et lui reprochant tous ses forfaits avec des imprécations affreuses, il l'entraîne aux enfers. Lapagne! Lapagne! Lapagne!... criait-il lamentablement. Lapagne le suivait interdit, épouvanté. Sa terreur rendait plus pittoresque cette scène éclairée par une seule bougie, qui laissait les tenèbres régner paisiblement sur les deux tiers de notre cachot. Ce revenant c'était moi. C'est ainsi que nous badinions dans le sein de la mort, et que dans nos jeux prophétiques, nous disions la vérité au milieu des espions et des bourreaux.

Notre refrein continuel au milieu d'eux était : Liberté, égalité, humanité ; nous avions même consacré ce serment dans une certaine cérémonie religieuse, qui dut son origine à des circonstances assez plaisantes. Nous avions dans cette même chambre un bon bénédictin, véritablement illuminé. toujours les mains jointes sur la poitrine, comme on peint Saint-Benoît, et tourmenté sur-tout de la fureur de faire des prosélytes. L'aimable Ducorneau, jeune Bordelais plein d'esprit, de talens et de gaité, qu'ils ont assassiné depuis pour fédéralisme, étai. le diable de ce nouveau St. Antoine. Tantôt il lui volait son breviaire, et St. Antoine de courir après le diable, le manche à balay à la main ; tantôt il lui éteignait sa bougie; enfin lui faisant autant de tours que Satan faisait éprouver de tentations à St. Antoine, quelquefois il mêlait aux pseaumes chantés par le bon homme le refrein d'une chanson égrillarde. Mais le saint homme ne perdait pas courage; toujours aux aguêts et toujours priant, il avait les yeux sur son breviaire et sur Ducorneau, qui borgne, petit et bazané, la figure pétrie de malice, remplissait parfaitement l'idée qu'on se fait d'un diablotin, tandis que l'autre en arrêt avait l'air d'un béat aux prises avec lui. Le moine offrait ses souffrances à Dieu, et se montrait d'autant plus endurant, qu'il espérait bien qu'à la fin il en convertirait au moins un ou deux. Pour répondre à ses éternels sermons, et las d'argumenter, nous imaginâmes d'élever autel contre autel. Nous eumes bientôt un culte, des hymnes et des chantres. Alors le saint-père désespéra vraiment de notre salut. Il lorgnait quelques-uns d'entre nous comme de meilleure pâte et plus faciles à convertir ; il n'espéra plus rien quand il les vit tous rangés sous les drapeaux d'*Ibrascha*, (1) c'était le nom de notre dieu. Ce qui acheva de lui navrer le cœur, ce fut l'avanture suivante : L'espagnol, à cette époque, était à l'agonie ; le moine rodait autour de lui comme autour d'une proie chérie. Ramener un espagnol au giron de l'église, quelle béatitude ! Mais l'espagnol mourant ranime ses forces et crie : vive Ibrascha. Le moine était hors de lui-même.

Il feignait de dormir au moment où

---

(1) Voyez à la fin de la lettre, la religion d'IBRASCHA.

nous commencions notre office ; mais il ne pouvait se contenir long-tems. Aussi-tôt que notre grand chantre avait entonné, le moine furieux se levait en sursaut, chantait *de profondis* à tue-tête; sa voix faible et cassée ne pouvait couvrir la voix forte et sonore de deux jeunes anachorettes que nous avions, Bailleul et Mathieu. Alors il nous accablait d'injures, traitait notre dieu d'imposteur et soutenait qu'il le prouverait de reste. Il s'élançait comme Polieucte, pour briser notre autel; et ne trouvant pas encore qu'il fût assez bruyant, armé d'un saint zèle et d'une buche, il frappait contre la porte avec un bruit épouvantable. C'est ainsi que cet impie troublait nos cérémonies augustes ; quel sacrilège ! Aussi nous lui prodiguions les épithètes de philosophe, d'esprit fort et d'incrédule. Ce qu'il y a de singulier, c'est que ce bon homme se plaisait dans ces tribulations, et ne voulut jamais changer de chambre ; malgré nos mauvaises plaisanteries, nous l'aimions et nous le respections : il le savait bien. Nous le pleurâmes sincèrement, quand nous sumes son assassinat par le tribunal. Il fut enveloppé dans la conjuration du Luxembourg.

Vous le voyez, nos cachots ont souvent retenti des longs éclats d'une joie insensée. Si quelque chose prouve l'imperfection de notre nature, et toute sa misère, c'est cette bigarure de sentimens divers, dont elle est affectée presqu'en même tems. Sa douleur lui échappe comme son plaisir. Aux yeux d'un être impassible, l'existence humaine ressemblerait à un songe délirant. Que serait-ce, si je vous parlais de nos repas plus philosophiques, il est vrai, que ceux de Platon, mais quelquefois aussi plus bruyans que ceux de Pénélope?

C'est-là que notre rire avait l'air d'un vertige, et qu'on eût pu nous dire, comme aux prétendans dans l'Odissée, « Ah ! malheureux, quel délire ! vous » riez, et vos têtes, vos visages, vos » corps sont enveloppés des ombres » du trépas. Les morceaux que vous » mangez sont souillés de sang, vos » yeux sont inondés de larmes. Enten- » dez-vous ces gémissemens ! le sang » bat les pieds de ces murs, de ces » colonnes ; le vestibule et la cour se » remplissent de fantômes qui se pré- » cipitent aux enfers dans le sein de » la nuit. »

Une table grossière rassemblait dix-huit ou vingt prisonniers ; souvent la moitié s'y asseyait pour la dernière fois. Ce repas était pour eux le dernier repas. Quelle était la surprise des nouveaux venus, lorsqu'ils nous voyaient boire la gaité dans la coupe de la mort, et méler les chants de la liberté aux cris des bourreaux qui nous appellaient? C'est à cette table que Ducorneau la veille de son supplice improvisait cette belle chanson, qui était comme le chant du cigne, et où il nous disait en parlant de lui et d'un autre qui allait partager son sort :

Au dernier moment Socrate
Sacrifie à la santé ;
Notre bouche démocrate
Ne boit qu'à la liberté.

Ou bien :

Nos reconnoissantes ombres,
Planant au milieu de vous,
Rempliront ces voutes sombres
De fremissemens bien doux.

Nous

Nous répétions en chœur : quel chœur ! quelle situation ! c'est-là que dans une ivresse indéfinissable un autre convive inspiré s'écriait :

Amis, combien il a d'attraits
L'instant où s'unissent nos ames !
Le cœur juste est toujours en paix.
O doux plaisir que n'eut jamais
L'ambitieux avec ses trames !
Venez bourreaux, nous sommes prêts.

Ce sont des hommes qui ont la certitude que le bourreau les tuera demain, qui s'égaient ainsi. Bientôt cette scène bruyante s'appaise ; c'est le Phédon, c'est l'apologie de Socrate qu'ils lisent. Voyez quel transport excite parmi eux cette lecture ravissante, et quel empire a sur tous les esprits le dogme sublime de l'immortalité de l'ame (1). Froids athées, si vous aviez

(1) J'ai observé que les idées religieuses

à l'homme dans ces terribles épreuves, vous rougiriez de la sécheresse de vos systêmes; c'est moi-même qui étais l'interprète et le lecteur, et j'atteste le ciel que dans tout ce récit qui paraît arrangé dramatiquement, si je suis comptable envers la vérité, c'est que je reste au-dessous d'elle.

Est-ce la tyrannie qui arrache du cœur de l'homme le sentiment le plus profondément gravé, l'amour de la

---

se sont fort épurées dans toutes les têtes, et que le déisme y a remplacé les superstitions dont notre enfance a été nourrie. Elles se retracèrent à très peu de personnes, dans ces terribles momens; preuve que l'espèce humaine commence à en être bien guérie en France. Mais qu'on ne s'y trompe pas, l'homme a besoin d'étayer sa faiblesse, de l'espoir consolateur, qu'il existe un dieu. [illegible] que de s'en priver, il retombera vers [illegible] absurdes.

vie ; ou bien n'est-ce pas qu'il n'y a rien d'absolu dans la nature, qu'elle est un éternel alliage, qu'elle poind dans le bonheur, et rejouit au sein de la plus grande adversité? Si quelquefois elle conseille à l'homme d'agrandir ses facultés, elle montre d'autre fois à son orgueil égaré l'instinct des animaux comme une boussole ; elle l'invite à redescendre jusqu'à eux, et à dépouiller son esprit superbe de prévoyance et de souvenir. En un mot, rejettons nous dans ses bras, et ne désespérons jamais d'elle. Il n'est point de circonstances où elle n'offre des consolations, point de déserts qu'elle n'embellisse, point de cachots qu'elle n'éclaire ; dans les nôtres cette glu qui enveloppe le cœur des malheureux et les rend si prompts à s'attacher l'un à l'autre, nous faisait gouter les charmes d'une amitié touchante.

Quand j'ai été rendu à la société, rien ne m'a plus surpris que la sécheresse et la froideur que j'y ai remarquée. Dans le monde, me suis je dit, on ignore la langue du malheur; on ne sait pas verser le beaume de l'attendrissement sur nos profondes afflictions. Tous ces hommes qui courent en sens contraire, emportés sans passions, n'ont pas même une idée de ce que j'ai enduré, de ce que j'ai vu. Dans les mœurs antiques, lorsque le toit hospitalier reçoit un voyageur, son hôte s'informe avec soin des aventures de son voyage, l'écoute avec intérêt et lui offre le doux repos; et moi qui ai voyagé plus avant qu'aucun mortel peut-être, vers les extrémités de la vie, lorsque je reparais, des hommes qui m'ont connu dès mon enfance, me demandent à peine d'où je viens.

Pour nous, avec quel empressement

nous partagions le sort d'un nouveau captif ; comme nous allions au-devant de lui ; comme notre ame exercée dans le malheur venait à l'aide de son ame inexpérimentée et désespérée par cet aspect effroyable des cachots ! Le désespoir est le sentiment de tous les êtres au moment, où pour la première fois ils sont privés de leur liberté. Les animaux refusent de manger, et plusieurs d'entr'eux meurent ; l'homme que les grandes crises rejettent dans la nature, est affecté de la même manière, et mourrait sans ses idées acquises, et sans les consolations.

Sans cesse les uns avec les autres, si nous nous séparions de l'espace d'une chambre à une autre, nous nous retrouvions le soir sous nos triples verroux, et ceux que la mort atteignait : nous nous disions, nous ne les avons pas quittés, demain ou quelques jours plus tard, nous serons avec eux pour jamais.

Les crimes ordinaires ne donnent des remords qu'à ceux qui les commettent ; la tyrannie en donne au lâche qui la souffre, comme au scélérat qui l'exerce. Nous étions débarrassés de ce sentiment, et nous n'avions pas chaque jour en nous levant à nous reprocher l'existence de Robespierre. On arrivait du dehors glacé par la terreur ; au milieu de nous on redevenait homme.

Rien n'égalait la véracité avec laquelle nous nous exprimions. Lorsque tout tremblait au dehors, le courage s'était réfugié sous les voutes de nos cachots. Ce bonheur de n'avoir pas desappris la langue de la liberté, l'orgueil de souffrir pour sa cause, l'innocence de nos cœurs, tous ces sentimens engourdissaient quelquefois nos cuisantes douleurs. Persuadés que pour quitter ses vêtemens mortels, on n'a pas besoin d'être aidé par les valets du bourreau et de la souillure qu'impriment leurs mains sanglantes, plusieurs d'entre nous avaient pris la même résolution que moi; mais tous étaient résignés.

Vous expliquer comment j'ai pu vivre, c'est m'excuser d'avoir vécu. Mes oreilles ont entendu les cris des victimes, mes yeux ont vu ces sanglantes iniquités; j'ai été 14 mois sous l'échafaud, et je ne suis pas mort de douleur! Je commence à douter de moi-même. Sans doute cœur d'homme ne pourrait soutenir le spectacle de tant de barbarie, et ceux même qui commandaient tant de meurtres n'auraient pu les voir; mais je n'étais pas le témoin de leurs cruautés, j'en étais la victime: j'ai vécu parce qu'à chaque instant je croyais que j'allais cesser de vivre, et je ne suis pas mort des maux d'autrui, parce qu'ils n'étaient pas plus grands que les miens.

D'ailleurs cette misérable vie, ne l'ai-je pas prodiguée de cent manières différentes ? N'ai-je pas proposé deux fois de nous élancer au milieu des condamnés, de les sauver ou de périr avec eux. Un jour parmi les victimes entassées pour le supplice, se trouvait un vieillard de Saarlibre, âgé de 90 ans. Il était d'une telle surdité, et possédait d'ailleurs si peu le français, qu'il ne savait pas même de quoi il était question. Il s'endormit à l'audience, et on ne le réveilla que pour lui prononcer son jugement, qu'il ne comprit pas plus que tout le reste. On lui persuada qu'on le transférait dans une autre prison, lorsque sur la charnette on le transférait à la mort; et il le crut. J'avais vu ce vieillard, qui avait plutôt l'air d'attendre avec l'autorité patriarchale les hommages de deux ou trois générations, que d'être prêt à comparaître devant des juges, disons mieux, devant des bourreaux. (A chaque instant on est fatigué de l'impropriété des termes, et de donner le nom de tribunal à une caverne, de juges à des assassins, et de procès à des proscriptions. C'est au lecteur d'y suppléer, ici comme dans mon mémoire.) Quand je le sus condamné, je me portai à des extrémités qui auraient dû infailliblement me perdre. Il ne m'a manqué qu'un dénonciateur.

Enfin voici les stances que j'avais composées long-tems avant le 9 Thermidor, et que nous récitions tous les jours. Lisez les, jugez par elles de mon courage et de celui de mes amis du n.° 13; voyez si dans le monde chacun de ces vers prononcé à cette époque, n'eût pas fait frissonner de tout son corps le plus intrépide des citoyens; voyez enfin, que si j'ai vécu, on ne peut pas au moins m'accuser d'avoir cherché à vivre. Je finirai par ces Stances, cette lettre entreprise pour vous plaire, pour plaire à quelques-uns de mes camarades d'infortune, dont elle attendrira les souvenirs. Si c'est un tort de l'avoir écrite, ce tort appartient uniquement à l'amitié.

Salut et fraternité.

HONORÉ RIOUFFE

STANCES.

Entends ma voix, finis mes maux;
Reçois, bienfaisante Nature,
Au sein de l'éternel repos
Ton innocente créature.
Pour ne plus voir tant de forfaits,
Mes yeux, fermez vous à jamais.

Dans l'épaisseur des noirs cachots,
Où m'a plongé la tyrannie,
Dois-je attendre que des bourreaux
Viennent finir ma triste vie?
Pour ne plus voir etc.

Marat est le Dieu des Français;
Chaque jour la vertu succombe :
Ivre de sang et de succès
Son meurtrier flétrit sa tombe.
Pour ne plus etc.

Vingt Brutus par des factieux
Punis d'adorer leur Patrie ;
Des flots de leur sang généreux
Inondent un peuple en furie.
Pour etc.

J'ai vu sous le même couteau
Rouler leur tête triomphante,
Et s'abimer dans leur tombeau,
La Liberté toute sanglante.
Pour etc.

Affreux triomphe des pervers,
Attentat dont l'horreur m'accable !
J'en porterai jusqu'aux enfers,
Le souvenir inconsolable.
Pour etc.

Liberté, trésor des grands cœurs,
Serais-tu le crime du sage,
Lorsque chez un peuple sans mœurs,
Il fait entendre ton langage ?
Pour etc.

Des monstres sortis des forêts,
Bien dignes d'être d'un Tibère
Ou les bourreaux ou les valets,
Assassinent sous Robespierre.
Pour etc.

Tout un grand peuple ensanglanté,
Chargé de misère et d'outrage,
Au saint nom de la Liberté,
Est replongé dans l'esclavage.
Pour etc.

La moitié des Français aux fers,
Dans l'opprobre et dans les alarmes;
Sur leurs tombeaux sans cesse ouverts,
Dans des cachots versent des larmes.
Pour etc.

Voyez d'infâmes délateurs,
Qu'aucun remords jamais ne touche,
Boire le sang, tuer les mœurs,
La philosophie à la bouche.
Pour etc.

Je suis comme un agneau tremblant,
Ravi soudain à la prairie,
Et que sur un pavé sanglant,
On entraîne à la boucherie.
Pour etc.

Chaque jour offre à mes regards
La beauté dont la mort s'apprête,
Livrant ses longs cheveux épars,
Aux mains qui vont frapper sa tête.
Pour etc.

Le fils qu'un même sort attend,
Est couvert du sang de son père :
La fille à l'échafaud sanglant
Précède sa mourante mère.
Pour etc.

Ainsi qu'un sauvage abruti
Brise l'œuvre de Praxitelle,
Sans pudeur on détruit Bailly,
Couvert d'une gloire immortelle.
Pour etc.

Souvent des présages affreux
Penétrant ces voûtes funèbres,
Glacent le cœur des malheureux,
Qui s'agitent dans les ténèbres.
Pour etc.

Tristes ombres de nos amis,
Notre voix envain vous implore,
Et vous fuyez ces murs rougis
De votre sang qui fume encore.
Pour etc.

Le sinistre oiseau de la nuit
Ne va porter son triste augure,
Qu'aux toits où le mourant languit,
Redemandé par la nature.
Pour etc.

Des chiens par de longs hurlemens,
Des cachots rompant le silence,
Nous annoncent que nos tyrans
Demain frapperont l'innocence.
Pour etc.

L'airain gémissant dans les airs
Vient de marquer nos tristes heures.
Soulevant le poids de mes fers,
Je veille seul en ces demeures.
Pour etc.

Je vais, je compte en pâlissant
Toutes ces couches funéraires:
Je suis comme un fantôme errant
Dans la poudre des cimetières.
Pour etc.

Toi, tu mourras dans ton printemps,
Ta mort fera périr ton père:
Ainsi le souffle des tyrans
Dépeuple et met en deuil la terre.
Pour etc.

Quels cris arrivent jusqu'à moi?
Une voix éclate et s'arrete:
Un songe suivi de l'effroi,
Vient de planer sur quelque tête.
Pour etc.

Hélas!

Hélas ! c'est un infortuné,
Dont l'épouse a cessé de vivre :
Comme elle, au glaive destiné
Consoles toi, tu vas la suivre.
Pour etc.

Entends ma voix, finis mes maux,
Reçois bienfaisante nature,
Au sein de l'éternel repos
Ton innocente créature.
Pour ne plus voir tant de forfaits,
Mes yeux, fermez vous à jamais.

RELIGION D'IBRASCHA.

Je mets ici cette religion, qui après tout en vaut bien une autre, et ne paraitra un jeu tout-à-fait puéril, qu'aux esprits tout-à-fait superficiels. Ceux qui voudront l'adopter en sont les maitres.

GLOIRE A IBRASCHA,

DIEU DES SEPT LUMIÈRES.

L'homme ne peut comprendre les sept lumières ; à peine en possède-t il une.

Malheur à qui ne croit point à Ibrascha ! mais sur-tout compassion.

Ibrascha n'est point incarné ; il n'est point fils de vierge.

Ibrascha dit : depuis que j'existe, l'ordre de la nature n'a jamais été interrompu par des miracles, et ne le sera jamais.

Ibrascha est une intelligence. Vingt mille ans se sont écoulés depuis que cette intelligence est émanée de dieu. Elle se détacha de son sein, comme une étoile qui sillonne le ciel. Les hommes virent une longue traînée de feu dans les airs, mais ils ignorèrent.

Elle erra trois mille ans sur le monde d'eau; mais elle ne s'y fixa point.

Elle erra sur le monde de feu; mais elle ne s'y fixa point.

Elle erra sur les animaux quadrupèdes, sur les poissons, sur les oiseaux, sur les végétaux, sur les minéraux; mais elle ne s'y fixa point.

Elle s'arrêta quelque tems sur l'Eléphant; mais elle ne s'y fixa point.

Elle avait déjà perdu de tout son éclat, quand dieu dit: que cette parcelle de mon intelligence se fixe. Elle se fixa dans la tête d'un homme de bien, et la philosophie nâquit.

Ce sage s'appellait Pyplasofu; il vivait avec industrie, était craint des méchans, et protégeait les faibles.

Quand il savait quelque vérité, quand il connaissait quelqu'abus, il ne dormait pas, qu'il n'eût révélé l'un et dévoilé l'autre.

Tous les soirs il récapitulait ce qu'il avait fait dans la journée, et purgeait son ame.

Son ame et son corps étaient sans souillure : il méditait, et il était actif.

Un faux sage, nommé Majehusmet, en devint jaloux. Il se dit : « Mentons » nous à nous-mêmes et aux autres » : et la religion naquit, ennemie de dieu et des hommes.

Les fils de Majehusmet ont persécuté ceux de Pyplasofu.

Gloire à la vérité. Entendez la vérité, rien que la vérité. Ibrascha a vaincu, la lumière est sortie de dessous les nuages.

MAXIMES D'IBRASCHA.

Ibrascha dit :

ARTICLE PREMIER.

Tous les malheurs du monde viennent de ce que le sage a ignoré sa force, et de ce que l'ignorant n'a pas connu son ignorance. *Dit Ibrascha.*

II.

Le sage s'est retiré du monde, et il a été comme l'écho qui n'a que de la voix et point de corps. *Dit Ibrascha.*

III.

Si tu as une idée utile, communiques la par la parole; es-tu retenu au lit paralitique, ou es-tu muet, que tu te contentes d'écrire ? La vérité dans un livre, est comme le sperme de l'homme, qui tombe sur la terre: il se refroidit et meurt. *Vive Ibrascha.*

IV.

Agis, mais que tes actions soient bonnes. *Dit Ibrascha.*

V.

Que celui qui fera métier d'étude, et ne produira aucun enseignement par la parole, soit regardé comme fou. *Vive Ibrascha.*

VI.

Sois ferme dans la vérité. Avec du

caractère on remue des montagnes. *Vive Ibrascha.*

VII.

Que le sage soit aussi opiniâtre que l'ignorant, et le monde sera heureux. *Dit Ibrascha.*

VIII.

Ibrascha n'a point composé de livres ; mais ce qu'il y a de vrai dans tous les livres vient d'Ibrascha. *Vive Ibrascha.*

IX.

La vérité n'est pas vérité, parce qu'elle est ancienne, mais parce qu'elle est vérité. *Dit Ibrascha.*

X.

Tout homme qui la trouve est inspié par Ibrascha, de quelque secte qu'il soit. *Vive Ibrascha.*

X I.

Le livre d'Ibrascha ne contient que des vérités reconnues.

X I I.

Tous les cinquante ans les sages du monde s'assembleront dans une isle déserte, et effaceront du livre d'Ibrascha tout ce que de nouvelles découvertes auront démontré être faux; car le vrai seul est du livre d'Ibrascha. *Vive Ibrascha.*

X I I I.

Une découverte ne peut être gravée dans le livre d'Ibrascha, que 15 ans après qu'elle aura été faite. *Dit Ibrascha.*

X I V.

Le livre d'Ibrascha contient des vérités sur la figure de la terre, sur les météores et sur la morale. *Vive Ibrascha.*

X V.

Cherches à connaître. Là où est la science des choses, l'imagination et la crédulité se taisent. *Vive Ibrascha.*

X V I.

Le tems est le grand éditeur du livre d'Ibrascha. *Vive Ibrascha.*

X V I I.

Les résultats et les causes, voilà ce que contient le livre d'Ibrascha. Les démonstrations sont laissées dans les écrits des lettrés. Les lettrés sont les scribes d'Ibrascha : c'est la lanterne où est la lumière. La lanterne obscurcit la lumière, mais la conserve. *Vive Ibrascha.*

X V I I I.

L'homme ne sait rien, ne peut rien plus que l'homme.. S'il dit autrement, anathême. Il est prêtre. *Vive Ibrascha.*

X I X.

Le livre d'Ibrascha sera lu toutes les décades. *Vive Ibrascha.*

X X

Si un homme ou des hommes veulent s'approprier la lecture du livre d'Ibrascha, y mêler quelque révélation, qu'on crie au prêtre et qu'on le chasse. Que ce nom de prêtre soit anathême. *Dit Ibrascha.*

X X I.

Aussi-tôt que tu auras loué dieu, maudis les prêtres ennemis de dieu; le prêtre est celui qui se prétend revêtu d'un certain caractère et ministre du ciel. *Vive Ibrascha.*

X X I I.

Le prêtre est la plante parasite qui pousse autour de l'arbre religieux et l'étouffe. *Vive Ibrascha.*

X X I I I.

Tous les sages sont fils d'Ibrascha. Socrate est son fils chéri. *Vive Socrate, vive Ibrascha.*

X X I V.

Tous les ans on représentera dramatiquement la mort de Socrate, homme juste, tué par les prêtres. *Vive Ibrascha.*

X X V.

Ibrascha n'a écrit que ces trois mots que les sages ne pourront jamais effacer dans leurs assemblées cinquantenaires : Liberté, Egalité, Humanité ; et cette autre maxime également ineffaçable : femme que ton sein nourrisse ton enfant, que tes entrailles ont porté.

GLOIRE A IBRASCHA.

PIECES

DIVERSES.

Fragment d'une lettre de la Veuve Guadet, à une de ses amies.

Tous mes malheurs ne se sont pas bornés à perdre le plus chéri des maris. Ces monstres altérés de sang ont aussi entraîné dans sa chute mon respectable père, âgé de 78 ans, ma sœur Bouquey et son mari, mon beau-père, un frère à mon mari, et une de ses tantes, n'ayant d'autres crimes que leurs vertus, et d'avoir voulu conserver ceux qui la propageaient. Je n'aurais pas même échappé à la fureur de ces cannibales, de ces assassins, si la providence n'eût pas veillé sur mes jours, qu'elle conservait sans doute pour mes pauvres enfans. La petite vérole m'avait mise à deux doigts de la mort, lorsque ces monstres de Lacombe et Julien m'envoyèrent chercher par deux cavaliers de la troupe révolutionnaire, pour me conduire au tribunal avec mes trois enfans : leur projet était de me faire périr et de mettre mes enfans à l'hospice. Ces malheureux cavaliers eurent pitié de moi, rendirent compte de mon état à Lacombe, qui leur répondit : ce sera donc pour une autre fois. Une chose que vous aurez peine à croire et qui fait tort à l'humanité, c'est que mon médecin et mon chirurgien m'abandonnèrent, tant la terreur était dans toutes les ames.

DERNIÈRE LETTRE de FREDERICK DIETRICH à ses enfans.

MON CHER FILS, tu recevras par la première diligence, quelques morceaux de musique gravée et tout ce que j'ai copié, arrangé et composé de musique, le tout écrit de ma main durant ma captivité. — Il y a du fort mauvais, du fort mal arrangé ; il y a aussi des choses charmantes : c'est malheureusement tout ce que je puis te laisser. — Rassemblez, mes chers enfans, toutes vos forces ; votre père n'existera plus lorsque vous recevrez ce peu de mots. — Conservez vous pour votre mère et votre petit frère. — Mon cœur se brise en songeant aux malheurs que nous avons attirés sur l'ami et sa famille. J'espère que mon père aura soin de lui et de vous, je l'en prie encore aujourd'hui. Continuez à aimer votre patrie ; ne cherchez de votre vie à tirer aucune vengeance de ceux qui m'ont si injustement persécuté. Si je pouvais leur faire du bien au moment où ils m'envoyent à la mort, ce serait un bonheur pour moi. Consolez vous de ma perte, en songeant que depuis treize mois votre malheureux père souffrait un supplice mille fois plus douloureux que la mort. Tâchez d'obtenir votre réunion à votre tendre et vertueuse mère ; j'espère que mes ennemis satisfaits de ma mort ne s'y opposeront plus. L'avenir me justifiera dans l'opinion des hommes justes et des vrais républicains. J'attends ma fin avec un calme qui doit vous servir de consolation ; l'innocent peut seul l'envisager ainsi. Je vous embrasse, mes chers amis, mes chers enfans ;

conservez vos principes et votre vertu, et vous saurez supporter tous les évènemens avec courage. Je serre l'ami contre mon cœur. Je vous dis adieu pour la dernière fois. — Adieu.

J. P. BRISSOT à BARRÈRE, député à la Convention.

A l'Abbaye, ce 7 Septembre, l'an 2 de la République une et indivisible.

Le peuple vous demandait du pain, vous avez promis mon sang! Ainsi vous ordonnez ma mort, avant même que je sois traduit devant un tribunal! Ainsi vous insultez au peuple à qui vous prêtez le goût du sang, et aux tribunaux que vous supposez être les instrumens de vos passions! Ah! si mon sang pouvait amener l'abondance et éteindre toutes les divisions, je le verserais moi-même tout-à-l'heure.

Pour excuser cette phrase sanguinaire, vous supposez que je conspire dans ma prison ; vous supposez que j'ai dit : *avant que ma tête tombe, il en tombera dans le sein de la Convention.*

C'est une calomnie nouvelle, imaginée pour irriter les esprits contre moi. Je vous défie de citer un seul témoin, une seule preuve de cette conspiration et de ce propos. J'abhorre le sang, je ne demanderais pas même celui de mes persécuteurs qui voudraient boire le mien. La philosophie, la justice, l'ordre et l'humanité, voilà les vrais fondemens des républiques ; et l'on sait bien que tout mon crime est de n'en avoir pas voulu d'autres. Voilà ma conspiration, celle que je continue dans ma prison. Oui je conspire avec mes triples grilles, et mes triples verroux, je conspire seul, ou avec les philosophes de l'antiquité qui m'apprennent à supporter mes malheurs, pour la liberté dont je serai toujours l'apôtre. Voilà le complot qu'il faut ajouter à la liste de ceux qu'on m'impute, et dont on cherche en vain les preuves, puisqu'ils sont tous imaginaires. Mais on veut des victimes! Frappez donc; et puissé-je être le dernier républicain qu'immole l'esprit de parti.

DÉFENSE

DE LA CITOYENNE ROLAND,

ECRITE DE SA PROPRE MAIN.

La frivolité du siècle est telle, que cet écrit admirable a fait une très médiocre sensation, et a été très peu loué dans les journaux ; j'ai dit que Tite-Live en eût honoré les pages de l'Histoire Romaine ; je crois que la nôtre ne recueillera jamais de morceau plus brillant d'éloquence, de vertu et de républicanisme.

L'ACCUSATION portée contre moi repose entièrement sur une prétendue complicité avec des hommes appellés conspirateurs. Mes liaisons d'amitié avec un petit nombre d'entr'eux sont très antérieures aux circonstances politiques qui les font considérer comme coupables ; les rapports que j'ai conservés avec eux, par une voie intermédiaire, à l'époque de leur départ de Paris, sont absolument étrangers aux affaires. Je n'ai point eu proprement de correspondances politiques ; et à cet égard, je pourrais m'en tenir à une dénégation absolue, car je ne saurais être interpellée de rendre compte de mes affections particulières ; mais je puis m'honorer d'elles comme de ma conduite, et je n'ai rien à taire au public.

Je dirai donc que j'ai reçu des expressions de regret sur ma détention, et l'avis, que Duperret avait pour moi deux lettres, soit qu'elles eussent été écrites avant ou après avoir quitté Paris, soit qu'elles fussent d'un seul ou de deux de mes amis, je l'ignore; elles ne me sont point parvenues; Duperret les avait remises en d'autres mains, et je ne les ai jamais vues. J'ai reçu une autre fois la pressante invitation de rompre mes fers; des offres de services pour m'aider à y réussir, suivant les moyens que je jugerais convenables, et pour me rendre où je trouverais bon. Je n'ai voulu rien tenter de semblable, par devoir et par honneur; par devoir, pour ne point exposer ceux à la garde de qui j'étais confiée; par honneur, parce que dans tous les cas, je préférais m'exposer à la suite de toutes les vexations, plutôt que de me couvrir d'une apparence coupable, par une fuite indigne de moi. J'avais bien voulu être arrêtée au 31

Mai, ce n'était pas pour m'échapper plus tard. Voilà à quoi se sont bornées mes relations avec mes amis fugitifs. Sans doute, si la communication n'eût pas été interrompue, ou si je n'eusse pas été contrainte par ma captivité, j'aurais cherché à me procurer de leurs nouvelles; car je ne connais pas la loi qui me l'interdit. Eh! dans quel tems, chez quel peuple du monde, fut-il jamais permis de traduire, comme un crime, la fidélité aux sentimens d'estime et de fraternité qui lieut les hommes entr'eux? Je ne juge point les mesures que prirent ceux qu'on a proscrits, elles ne m'ont point été connues; mais je ne crois point à des intentions perverses chez eux, dont la probité, le civisme et le généreux dévouement à leur pays m'étaient démontrés: s'ils ont erré, ce fut de bonne-foi ; ils succombent, sans être avilis ; ils sont à mes yeux malheureux, sans être coupables. Si je la suis moi-même, en faisant des vœux pour leur salut, je me déclare telle à la face de l'Univers. Je n'ai pas d'inquiétude pour leur gloire ; et je consens volontiers à partager celle d'être opprimée par leurs ennemis. J'ai vu ces généreux accusés d'avoir conspiré contre leur pays, républicains déclarés, mais humains, persuadés qu'il fallait faire, par de bonnes lois, chérir la république de ceux mêmes qui doutaient qu'elle pût se soutenir ; ce qui véritablement, est plus difficile que de les tuer. L'histoire de tous les siècles a prouvé qu'il fallait beaucoup de talens pour mener les hommes à la vertu par de bonnes loix ; tandis qu'il a suffi de la violence pour les contenir, par la terreur, ou les anéantir par la mort. Je les ai vu prétendre que l'abondance, comme le bonheur, ne pouvaient résulter que d'un régime équitable, protecteur et bienfaisant; que la toute-puissance des bayonnettes produisait bien la peur, mais non pas du pain: je les ai vus animés du plus vif enthousiasme pour le bien du peuple, dédaigner de le flater, résolus de périr victimes de son aveuglement, plutôt que de le tromper; j'avoue que ces principes et cette conduite m'ont paru totalement différentes de celles des tyrans et des ambitieux, qui cherchent à plaire au peuple pour le subjuguer; elles m'ont pénétré d'estime pour ces hommes généreux; cette erreur, si c'en est une, m'accompagnera dans le tombeau, et je m'honorerais de les suivre, n'ayant pu les accompagner.

Ma défense, j'ose le dire, est plus nécessaire à ceux qui veulent s'éclairer de bonne-foi, qu'elle ne l'est à moi-même. Tranquille et satisfaite dans le sentiment d'avoir rempli mes devoirs, j'envisage l'avenir avec sécurité. Mes goûts sérieux, mes habitudes studieuses, m'ont tenu également éloignée des follies de la dissipation et du tracas de l'intrigue. Amie de la liberté, dont la réflexion m'avait fait juger le prix, j'ai vu la révolution avec transport, persuadée qu'elle était l'époque du renversement de l'arbitraire que je hais, de la réforme d'abus, dont j'avais souvent gémi, en m'attendrissant sur le sort de la classe malheureuse, j'ai suivi les progrès de la révolution avec intérêt; je m'entretenais de la chose publique avec chaleur, mais je n'ai pas dépassé les bornes qui m'étaient imposées par mon sexe. Quelques talens, peut-être, assez de philosophie, un courage plus rare, et qui me permettait de ne point affaiblir dans les dangers celui de mon mari, voilà probablement, ce qu'auront indiscrètement vanté ceux qui me connaissent, et ce qui m'a fait des ennemis parmi ceux qui ne me connaissent pas. Roland a pu m'employer quelquefois comme secrétaire; et la fameuse lettre au roi, par exemple, est copiée toute entière de ma main. Ce serait une assez bonne pièce à joindre à mon procès, si c'était les autrichiens qui me le fissent, et qu'ils s'avisassent d'étendre la responsabilité du ministre jusques sur sa femme. Mais Roland avait fait connaître depuis long-tems ses sentimens et son amour des grands principes; les preuves en existent dans de nombreux ouvrages publiés depuis quinze ans. Son savoir et sa probité sont bien à lui, et il n'avait pas besoin d'une femme pour être un sage ministre. Jamais il ne s'est tenu chez lui de conférences ni conciliabules; ses amis, ses collègues, quels qu'ils fussent, et ses connaissances, se réunissaient chez lui, à table, une fois la semaine; là dans des conversations très-publiques, on s'entretenait ouvertement de ce qui intéressait tout le monde. Du reste, les écrits de ce ministre respirent tous l'amour de l'ordre et de la paix; exposant d'une manière touchante les meilleurs principes de la morale et de la politique, ils attesteront à jamais sa sagesse, de même que ses comptes prouveront sa pureté. Je reviens au délit qui m'est imputé. J'observe que je n'avais point de liaison avec Duperret; je j'avais vu quelquefois durant le ministère de mon mari : il n'était pas venu chez moi depuis six mois que Roland n'était plus en place. Je puis faire la même remarque pour les autres députés, nos amis ; ce qui, assurément, ne s'accorde point avec la supposition d'intelligence et de conspiration qu'on nous prête. Il est évident, par ma première lettre à Duperret, que je n'écrivais à ce député que par la difficulté de m'adresser à tout autre, dans l'idée qu'il se prêterait à me rendre service. Ainsi ma correspondance avec lui n'était pas projettée ; elle n'était la suite d'aucunes liaisons précédentes, et elle n'avait d'ailleurs qu'un objet particulier. Elle devint une occasion d'avoir des nouvelles de ceux qui venaient de s'absenter, et avec lesquels j'étais liée d'amitié, fort indépendamment

damment de toutes considérations politiques. Celles-ci n'entraient pour rien dans l'espèce de relation que je conservai durant les premiers instans de leur absence. Aucun monument ne dépose contre moi à cet égard; ceux que l'on cite feraient seulement penser que je partageais les opinions et les sentimens de ce qu'on appelle conspirateurs. Cette induction est fondée, je l'avoue hautement: et je me glorifie de cette conformité; mais je ne lui donnai point une manifestation dont on puisse me faire un crime, et qui tendît à rien troubler. Or, pour établir une complicité dans un projet quelconque, il faut ou avoir donné des conseils, ou avoir fourni des moyens: je n'ai fait ni l'un, ni l'autre; je ne suis donc pas répréhensible aux yeux de la loi; il n'y en a point qui me condamne; il n'existe pas de fait pour l'application d'aucune.

Je sais qu'en révolution la loi comme la justice sont souvent oubliées, et la preuve, *c'est que je suis ici.* Je ne dois mon procès qu'aux préventions, aux haines violentes qui se développent dans les grandes agitations, et qui s'exercent pour l'ordinaire contre ceux qui ont été en évidence, ou auxquels on connait quelque caractère. Il eût été facile à mon courage de me soustraire au jugement que je prévoyais; j'ai cru qu'il était plus convenable de le subir; j'ai cru devoir cet exemple à mon pays; j'ai cru que si je devais être condamnée, il fallait laisser à la tyrannie l'odieux d'immoler une femme, qui n'eut d'autre crime que quelques talens dont elle ne se prévalut jamais, un grand zèle pour le bien de l'humanité, le courage d'avouer ses amis malheureux et de rendre hommage à la vérité au péril de sa vie. Les ames qui ont quelque grandeur savent s'oublier elles-mêmes, elles sentent qu'elles se doivent à l'espèce entière, et elles ne s'envisagent que dans la postérité. J'appartiens à Roland vertueux et persécuté ; je fus liée avec des hommes que l'aveuglement et la haine de la jalouse médiocrité ont fait proscrire et immoler, il est nécessaire que je périsse à mon tour, parce qu'il est dans les principes de la tyrannie de sacrifier ceux qu'elle a violemment opprimés, et d'anéantir jusqu'aux témoins trop clairvoyans de ses excès. A ce double titre vous me devez la mort, et je l'attends. Quand l'innocence marche au supplice, où la condamnent l'erreur et la perversité, c'est au triomphe qu'elle arrive. Puissé-je être la dernière victime immolée ! Je quitterai avec joie cette terre infortunée qui dévore les gens de bien, et s'abreuve du sang des justes. Vérité, patrie, amitié, objets sacrés, sentimens chers à mon cœur, recevez mon dernier sacrifice; ma vie vous fut consacrée, vous rendrez ma mort également douce et glorieuse. Juste ciel ! éclaire ce peuple malheureux pour lequel je désire la liberté. . . . Liberté ! . . . . . elle est pour les ames fières qui méprisent la mort et savent à propos la donner. Elle n'est pas pour ces ames foibles qui temporisent avec le crime, en couvrant du nom de prudence leur égoïsme et leur lâcheté. Elle n'est pas pour ces hommes corrompus qui sortans du lit de la débauche ou de la fange de la misère, courent se baigner dans le sang qui ruisselle des échafauds.

Elle est pour le peuple sage qui chérit l'humanité, pratique la justice, méprise ses flateurs, connaît ses vrais amis, et respecte la vérité. Tant que vous ne serez pas un tel peuple, ô mes concitoyens, vous parlerez vainement de liberté, vous n'aurez qu'une licence, dont vous tomberez victimes chac n à votre tour; vous demande ez du pain, on vous donnera des cadavres, et vous finirez par être asservis.

Je n'ai point dissimulé mes sentimens, ni mes opinions; je sais qu'une dame romaine fu envoyée au supplice, sous Tibère, pour avoir pleuré son fils; je sais que dans un tems d'aveuglement et de fureur d'esprit de parti, quiconqne a le courage de s'avouer l'ami des condamnés ou des proscrits, s'expose à partager leur infortune; mais je méprise la mort, je n'ai jamais craint que le crime, et je n'assurerais pas mes jours au prix d'une lâcheté.

Malheur au tems, malheur au peuple, où la force de rendre hommage à la vertu méconnue peut exposer à des périls, et trop heureux alors qui se sent capable de les braver.

C'est à vous de juger maintenant s'il convient à vos intérêts de condamner à défaut de preuves, sur de simples opinions, et sans l'appui d'aucune loi.

NOTES sur le jugement du Citoyen CUSTINES fils.

LE citoyen accusé parut devant le tribunal avec l'air calme et serein qu'il avait par-tout ailleurs. Sa présence d'espri annonçait une belle défense : il la fit en effet.

Après la lecture de l'acte d'accusation, un seul témoin comparut : ce fut Vincent qui sortait de sa prison pour déposer contre l'accusé.

Sa déposition portait en substance « que l'accusé fuyait les patriotes, » c'est-à-dire, les jacobins ; qu'il s'é- » tait lié avec les contre-révolution- » naires, c'est-à-dire, les girondins ; » et qu il avait été complice des pro- » jets liberticides du général, son » père ».

Le président (c'était Dumas) ayant demandé au témoin quelles preuves il pouvait alléguer à l'appui de sa déposition, il répondit *qu'il l'avait oui dire, et qu'au surplus tout le monde l'assurait.* Vincent se retira sans pouvoir en dire davantage. Ensuite l'interrogatoire commença.

Le président interrogea l'accusé sur une lettre qu'il avait écrite à son père, au mois de Juin précédent, qu'il avait confiée à un courrier du général, et qu'on avait interceptée, dans laquelle il lui témoignait *la part qu'il prenait à ses peines .... à sa situation pénible* ... et où il finissait par l'instruire *de quelle manière le nouveau comite de salut public venait d'être composé.*

Cette lettre avait déjà été dénoncée aux jacobins : et l'accusé libre alors, avait donné l'explication de cette lettre dans une affiche qu'il avait adressée à ses concitoyens.

Le président ayant demandé à l'accusé quelles étaient *les peines de son père, auxquelles il participait si douloureusement?* Celui-ci répondit qu'il s'agissait alors *de la prise de Condé, qui avait eu lieu presqu'au moment où ce général était venu prendre le commandement de l'armée du Nord, et où il n'avait pu avoir aucune espèce de communication;* et que sa douleur était d'autant plus vive, que Valenciennes étant menacée du même sort, les ennemis de son père ne manqueraient pas de lui en faire un crime, quoique depuis son arrivée à l'armée, il lui eût été impossible de communiquer en rien avec les deux places.

Interrogé pourquoi il instruisait son père du renouvellement du comité de salut public? Il répondit que *rien n'é-*

tait plus intéressant pour un général d'armée, que de savoir à quels hommes il avait à faire, et quel parti il pouvait tirer de leurs lumières.

Interrogé s'il avait eu des liaisons avec les députés frappés par le glaive de la loi, il répondit *qu'il ne les avait jamais vus, qu'aux différens comités dont ils étaient membres, et où il était obligé d'aller pour les affaires de son père; qu'au demeurant, il estimait leurs talens, et qu'il ignorait leurs intentions.*

L'assemblée était déjà bien disposée en sa faveur, et l'on entendait dire tout haut dans tous les coins de la salle: *mais il n'y a rien là dedans, ce jeune homme sera sûrement acquitté.*

Interrogé pourquoi il avait été envoyé auprès du duc de Brunswick au commencement de la guerre? Il répondit *que le conseil l'avait chargé d'engager le prince, célèbre par ses talens mi-*

litaires, à accepter le commandement des armées françaises ; qu'il avait tout fait pour réussir ; et que s'il avait pu y parvenir, il aurait cru rendre un grand service à la patrie, en préparant ses triomphes sur les puissances coalisées ; qu'au surplus si la cour avait eu quelque vue ultérieure dans ce projet, il l'avait ignorée, et qu'il n'était pas naturel qu'on l'eût communiquée à un jeune homme de 23 ans, dont on fait d'ordinaire un instrument aveugle de ses desseins en pareil cas.

Ici l'accusé eut occasion de montrer son courage et sa fermeté. Le président crut devoir lire aux jurés la correspondance de l'accusé étant à Brunswick ; mais celui-ci s'appercevant qu'il tronquait les lettres pour en abuser, se leva avec vivacité ; et s'adressant aux jurés s'écria avec force : *Citoyens jurés, je demande que le président lise mes lettres en entier ; il les tronque pour me perdre. Je vous demande justice de cette mauvaise foi.* Le président embarrassé, et se voyant pris sur le fait, dit *que les jurés auraient bientôt sous les yeux toute la correspondance, et jugeraient d'après les pièces.*

La lettre dont le président voulait abuser, fut expliquée par l'accusé à la satisfaction de l'assemblée. Il écrivait au conseil, *qu'il avait espéré durant plusieurs jours, que le duc accepterait les propositions de la France; mais que les puissances coalisées avaient opposé des offres supérieures aux nôtres, et que le prince paraissait disposé à préférer le trône de Pologne qu'on lui promettait, au commandement des armées françaises.* Le président tronquait la lettre pour donner à entendre au juri, que l'accusé avait été chargé d'offrir le trône de France au duc de Brunswick.

L'assemblée était si satisfaite de cette

explication, et si bien convaincue de la mauvaise foi du président, qu'on continuait à répéter : *Mais il n'y a rien là-dedans. Certainement ce pauvre jeune homme sera acquitté.* Il est vrai que certains hommes soudoyés, se glissant dans les grouppes, disaient de tems en tems : *Savez-vous que si on acquitte ce jeune homme, il vengera le sang de son père ?*

Enfin interrogé, s'il avait eu connaissance des complots de son père, il répondit : *Qu'il n'avait jamais connu de son père d'autre dessein que celui de bien servir la République ; qu'il n'avait été qu'un moment auprès de lui à l'armée ; que depuis long-tems il s'était borné à faire les commissions du général auprès des comités ; et qu'on pouvait juger par les lettres qu'on avait interceptées, que le père ne consultait en rien le fils sur ses desseins, comme sur ses expéditions militaires.* Autant l'accusé montra de sagesse et de modération dans sa défense, autant le président fit paraître de platitude et de méchanceté. Il finit par oser déclarer aux jurés, *qu'il lui paraissait impossible et contraire à la nature des choses, qu'un fils, tel que l'accusé, habituellement en correspondance avec son père, ne fût pas son complice.*

Le défenseur, dont le plaidoyer parut en général très-faible en comparaison de la défense noble et éloquente de l'accusé, releva ces derniers mots du président, en témoignant sa surprise d'avoir entendu des expressions pareilles. « Quel est le tribunal dans ,, le monde, dit-il, où l'on oserait ,, se permettre de condamner un ac- ,, cusé sur des présomptions pareilles ? ,, Quoi ! il est contraire à la nature ,, des choses, qu'un fils ne soit pas ,, complice d'un père ! Quelle juris-

„ prudence ! j'irai plus loin. Et quand „ même l'accusé aurait été instruit „ des desseins d'un père coupable „ (car le général doit l'être sans doute, „ puisque vous l'avez condamné) je „ le demande ici, un fils doit-il dé- „ noncer son père ? Où serait donc la „ pitié filiale, la première des vertus ? „ où seraient les mœurs qu'on cherche „ à régénérer ? „

Ce morceau fit une impression si forte sur les auditeurs, qu'on ne douta plus que l'accusé ne fût acquitté. Néanmoins, les émissaires à gage allaient répétant dans tous les coins de la salle : *Si l'on acquitte ce jeune homme, il vengera le sang de son père;* et l'on ne répondait rien à ce propos.

Enfin au moment où la sentence de mort fut prononcée, l'auditoire témoigna sensiblement sa surprise et sa douleur. On entendait les bonnes gens dire en s'en allant : *Pauvre jeune homme, je croyons bien qu'il serait acquitté.*

L'accusé entendit son arrêt avec fermeté, haussa les épaules sans dire un mot, et sortit avec l'air calme et serein, comme il était entré au tribunal.

LES

Les deux dernières lettres de CUSTINES *fils, à son épouse.*

A neuf heures du matin.

Je ne puis mieux commencer ma dernière journée, qu'en te parlant des tendres et douloureux sentimens que tu me fais éprouver. Je les repousse quelquefois, et quelquefois ils ne peuvent être éloignés. Que vas-tu devenir? Te laissera-t-on du moins ton habitation, du moins ta chambre? Tristes pensées! tristes images!

J'ai dormi neuf heures. Pourquoi ta nuit n'a-t-elle pu être aussi calme? car c'est ta tendresse, non ta peine qu'il me faut.

Tu sais déjà le sacrifice que j'ai fait. J'ai un pauvre compagnon d'infortune, qui t'a vu petite, et qui a l'air d'un bon homme ; on est trop heureux en finissant ses maux, de soulager ceux d'un autre : fais savoir cela à Philoctète.

J'ai oublié de te dire que je m'étais défendu à-peu-près seul, et seulement pour les gens qui m'aiment.

A quatre heures du soir.

Il faut te quitter....... Je t'envoie mes cheveux dans cette lettre. La citoyenne..... promet de te remettre l'un et l'autre. Témoignes lui en ma reconnaissance.

C'en est fait, ma pauvre Delphine, je t'embrasse pour la dernière fois ! Je ne puis pas te voir ; et si même je le pouvais, je ne le voudrais pas. La séparation serait trop difficile ; et ce n'est pas le moment de s'attendrir.

Que dis-je, s'attendrir ?.... Comment pourrais-je m'en defendre, à ton image ? Il n'en est qu'un moyen .... celui de la repousser avec une barbarie déchirante, mais nécessaire. Ma réputation sera ce qu'elle doit être; et pour la vie c'est chose fragile par sa nature. Des regrets sont les seules affections qui viennent troubler par momens ma tranquillité parfaite. Charges-toi de les exprimer, toi qui connais bien mes sentimens; et détournes ta pensée des plus douloureux de tous; car ils s'adressent à toi.

Je ne pense pas avoir jamais fait à dessein du mal à personne. J'ai quelque fois senti le desir vif de faire le bien. Je voudrais en avoir fait davantage; mais je ne sens pas le poids incommode du remords. Pourquoi donc éprouverais-je aucun trouble ? Mourir est nécessaire, et tout aussi simple que de naître.

Ton sort m'afflige. Puisse-t-il s'adoucir ! Puisse-t-il même devenir heureux un jour ! c'est un de mes vœux les plus chers et les plus vrais.

Apprends à ton fils à bien connaître son père. Que des soins éclairés écartent loin de lui le vice ; et quant au malheur, qu'une ame énergique et pure lui donne la force de le supporter.

Adieu ; je n'érige point en axiomes les espérances de mon imagination et de mon cœur ; mais crois que je ne te quitte pas sans desirer de te revoir un jour.

J'ai pardonné au *petit nombre* de ceux qui ont paru se réjouir de mon arrêt. Toi, donnes une récompense à qui te remettra cette lettre.

FIN.

www.ingramcontent.com/pod-product-compliance
Ingram Content Group UK Ltd.
Pitfield, Milton Keynes, MK11 3LW, UK
UKHW020316230726
13925UKWH00002B/451

9 782014 029994